「ゆる副業」のはじめかた 不動産投資

スキマ時間に知識ゼロから
確実に儲けを出す!

アユカワタカヲ 著

SE
SHOEISHA

はじめに

「いつでも人生を変えられる時代」だからこそ不動産投資を！

はじめまして、アユカワタカヲです。まずはあなたとの出会いに感謝します。

私は1966年（昭和41年）生まれの現在57歳、還暦間近の親父です。大阪で生まれ育ち、東京の大学を卒業し、東京の企業に勤めました。私の時代は終身雇用の時代。企業に新卒で入社するとそれが永久就職でした。社会人になって結婚し、子どもが生まれ、子どもたちが巣立ち、定年になって孫たちと余生を過ごす。それが普通の、いや理想の人生とされていました。

でも、私の人生は違いました。

42歳のときに、不動産投資という「ゆる副業」と出会い、当時の社会通念を打ち破って、人生を大きく変えることができ、今に至ります。

昭和、平成の時代に自分の人生を変えることは、極めて困難なことでもありました。だから、親世代は、子どもにいい大学を卒業させるため、良い会社に就職させるため、全身全霊をささげていました。

しかし、時代は変わりました。

令和の時代、今は転職と副業があたり前の時代になりました。転職を支援するサイトやアプリも数多く登場しています。自由に新しい仕事にチャレンジできる時代です。よって、人生の自由度が高まりました。新しい仕事や職場を探すことはポジティブなことと捉えられるようになりました。

自分の力で人生を変える。そのきっかけになるのが「副業」です。まずは、スキマ時間を使って少額でもお金を稼ぐ。それだけで気持ちや人脈も、そして生活全体が変わっていきます。あなたも、自分の生活に何らかの変化を加えようと考えているのではないでしょうか。

副業には「正しい知識」が必要

「副業が容認される時代」だからこそ、「知っている人が勝てる時代」になりました。いわゆる「副業のノウハウ」です。そのルールを守り、勝ちパターンをしっかりと実践すれば、必ず前に進むことが可能です。時代は急速に変化します。今日の成功法則と来年の成功法則は違ってきます。ただ、今日の成功法則を知っていないと、来年の成功法則が理解できないと思います。

だからこそ、一日でも早く学びはじめることです。

心を真っ白にして学ぶ

学ぶ際には、邪心を捨て、純粋な気持ちで励むことが大切です。

私たち日本人は義務教育で英語を学びます。小学校から大学まで長い期間学びます。なのに堂々と英語を話せる人は少ないですよね。アメリカの子どもたちはどうでしょう。当たり前の話ですが、生まれて数年で英語が話せるようになります。そうですよね。違いは、「日本語が邪魔している」からです。邪心が邪魔するんです。

これから**副業を学ぼうとするあなたは邪心を捨てて、まるで子どものようにすべて純粋に受け入れてみてください**。スポンジに水が染み込むように、体にノウハウをインストールしていってください。それが副業上達への第一歩です。

確実に儲けを出せるのが不動産投資

さて、不動産投資です。

私は不動産投資という副業と出会うことができました。そして自分自身の人生が大きく変わりました。その詳細は、本書で明かしていきたいと思います。

まずは**不動産投資の「ゆる副業」で、「お小遣い獲得」を目指してください**。難しくはありません、簡単な副業です。そしてもっともっと大きく人生をより良く変えたいのであれば、そこから貪欲に学び続けてください。

本書では特典も用意しています。本書を読んで『ゆる副業』をスタートできた人が、「不動産投資でもっと稼ぐにはどうすればいいか?」についてのアドバイスをまとめています（詳しくは223ページをご参照ください）。

さあ、あなたの人生が未来に向けてゆっくりと動き出します。

心を空っぽにして、ページをめくってください。

目次

第3章 「副業」としての不動産投資の準備

第4章 実際に不動産物件を見てみよう

第5章

失敗しないための必勝ノウハウ

第6章 「副業で」不動産投資を成功させる極意

第7章 空室を出さないためにはどうすればいい？

第8章 「不動産リスク」はこうして解消される

本書内容に関する お問い合わせ について

このたびは翔泳社の書籍をお買い上げいただき、誠にありがとうございます。弊社では、読者の皆様からのお問い合わせに適切に対応させていただくため、以下のガイドラインへのご協力をお願い致しております。下記項目をお読みいただき、手順に従ってお問い合わせください。

●ご質問される前に

弊社 Web サイトの「正誤表」をご参照ください。
これまでに判明した正誤や追加情報を掲載しています。
正誤表　https://www.shoeisha.co.jp/book/errata/

●ご質問方法

弊社 Web サイトの「書籍に関するお問い合わせ」をご利用ください。
書籍に関するお問い合わせ　https://www.shoeisha.co.jp/book/qa/
インターネットをご利用でない場合は、FAX または郵便にて、
下記 “ 翔泳社 愛読者サービスセンター ” までお問い合わせください。
電話でのご質問は、お受けしておりません。

●回答について

回答は、ご質問いただいた手段によってご返事申し上げます。ご質問の内容によっては、回答に数日ないしはそれ以上の期間を要する場合があります。

●ご質問に際してのご注意

本書の対象を超えるもの、記述個所を特定されないもの、また読者固有の環境に起因するご質問等にはお答えできませんので、予めご了承ください。

●郵便物送付先および FAX 番号

送付先住所	〒 160-0006　東京都新宿区舟町 5
FAX 番号	03-5362-3818
宛先	（株）翔泳社 愛読者サービスセンター

※本書に記載されている情報は 2024 年 8 月時点のものです。
※本書に記載された URL 等は予告なく変更される場合があります。
※本書の出版にあたっては正確な記述につとめましたが、著者や出版社などのいずれも、本書の内容に対してなんらかの保証をするものではなく、内容やサンプルに基づくいかなる運用結果に関してもいっさいの責任を負いません。
※本書に記載されている会社名、製品名はそれぞれ各社の商標および登録商標です。

第1章

不動産投資で「ゆる副業」をはじめよう

1-1

基礎知識　モチベーションアップ

どうして不動産投資がおすすめなのか？

ゆるポイント1 物件さえ購入すれば、あとはほったらかし

ゆるポイント2 継続的に稼げる

不動産投資と聞いて、あなたはどういったことを連想しますか？

「お金持ちだけができることでしょう」「たくさんの借金をするんですよね」「宅建の知識が必要なんでしょう」「悪徳不動産会社に騙されるかもしれないですよね」「人口が減少している日本ではオワコンでしょう」「楽には稼げないですよね」など、不動産投資に対してネガティブな意見がたくさん出てきそうです。それは不動産の世界のごくごく一部の話であって、大筋としては間違っています。**さまざまな副業の中で、不動産投資は最も手軽にスタートでき、楽ちんで長期的に見て最も稼**

ぐことができる副業です。

私が「ゆる副業」として不動産投資をすすめる理由は3つです。

○購入してしまえば、あとはほったらかし

○不動産所有者としてのブランド力が高い

○たくさんの税金の優遇措置を受けられる

不動産投資は購入までが9割

不動産投資の第一歩は当然物件購入です。家賃収入が得られる物件を手に入れることです。安定的に家賃収入が入ってくる「いい物件」をゲットできるかが勝負です。

不動産はひとつとして同じものがありません。同じマンションの同じ間取りの202号室と203号室でも、日当たりやエレベーターまでの距離などが違います。つまり、世界にたったひとつしかないオンリーワンなのです。その無数にある不動産の中から最良の物件を探し出すにはスキルが必要ですが、買ってしまえばそれでおしまい。あとは何もやることがありません。**買うまでが9割、買うまでの努力がその後何十年にわたって、利益を生み出してくれます。**

社会的信頼度は抜群！

不動産を持っていることで、あなたの社会的信頼度が抜群に上がります。マイホームを持っている方は、「人生設計をしっかり立てていらっしゃる方ですね」と見られます。そして不動産投資用の物件を持っている方は、「資産管理をしっかりされている方ですね」と見られます。さらに、独身の方は特に不動産を所有していることで、モテます（笑）。

税金を味方につけることができる

副業にもさまざまありますよね。ブログ、メルカリ、輸入・ネット販売、株式投資、FX、いずれの副業も稼げば稼いだ分だけ税金が課せられます。もし税金を支払わなければ、税務調査に入られ、さらに多額の税金の支払いを求められます。もちろん不動産投資も家賃収入として稼いだ分、税金が課せられます。ただし、**不動産投資の場合はいろんな費用を経費計上することが可能です**。物件を見に行った交通費や、不動産会社の方との飲食費も経費にすることができます。この書籍『「ゆる副業」のはじめ

図1-1 不動産投資のメリット

1. 購入するまでが9割
2. 不動産持っているとモテちゃう!
3. 経費が認められる
4. 税金が返ってくるかも?

かた不動産投資』をお買い求めいただきありがとうございました。もしあなたが不動産投資をはじめれば、この書籍代も経費計上することができ、結果、節税が可能です。また、場合によっては、**あなたの本業で支払っている所得税も節税でき、還付という形で取り戻すこともできます**。

このように、不動産投資にはさまざまな税の優遇措置があります。

簡単にはじめられて、たくさんの魅力がある副業が、不動産投資なのです。

1-2

基礎知識　ノウハウ　収入アップ

自己資金0円からでもはじめられる

ゆるポイント1 貯金0円でもはじめられる

ゆるポイント2 銀行からのローンは全然怖くない

不動産の金額ってどのぐらいなのでしょうか？　もちろん、種類や築年数、建っている場所によってさまざまです。その上で種類別の大まかな金額をお伝えすると、

①古い戸建て住宅（空き家）……数十万円〜数百万円
②築30年ぐらいの古いワンルームマンション……数百万円〜1000万円
③築20年ぐらいまでのワンルームマンション……1500万円〜3000万円
④中古アパート……数千万円
⑤新築アパート一棟……数千万円〜1億円

⑥築10年ぐらいまでの中古のマンション一棟……1億円～3億円
⑦新築マンション一棟……3億円～5億円

ぐらいが相場でしょうか。「ああ、無理無理……」という声が聞こえてきそうです。

では、これらの物件をもし「自己資金0円」で購入することができたとしたら？

不動産投資は、金融機関から融資を受けてはじめることができます。**物件にもよりますが、自己資金0円で融資してくれる金融機関もあります（これを「フルローン」といいます）**。また、物件を購入する際は、諸経費で物件価格の5～7％程度の費用が追加でかかります。その費用までも融資してくれる金融機関もあります（これを「オーバーローン」といいます）。

あなたは年収の10倍まで借りられる？

日本には不動産投資のために融資してくれる金融機関がたくさんあります。市中にある多くの銀行、信用金庫、信用組合などが不動産投資に融資してくれます。

不動産投資に融資してくれる金融機関のひとつにオリックス銀行があります。オリックス銀行では、本業の収入の8～14倍の融資をしてくれると言われています。あなたの年収が500万円だとしたら、4000万円～7000万円の融資を受けられます。条件にもよりますが、オリックス銀行は自己資金0円のフルローンが可能です。6000万円借りられる方は、2000万円のワンルームマンションを3つ購入することができるわけです。

融資は怖くない！

「年収の○倍も借金？　マイホームのためならまだしも不動産投資のためのローンなんてそんな危険なことはできません！」

そうおっしゃる方もいるかと思います。ですが、ちょっと考えてみてください。住宅ローンでマイホームを購入される場合、毎月のローンを返すのは誰ですか？　もちろんご自身ですよね。あなたのお給料の中からローン返済をしていきます。でも、将来もし収入が減ったり、働けなくなったら？

一方、不動産投資の場合のローンは、毎月の返済をするのはご自身ですが、その原資となるお金はどこから生まれますか？　あなたのお給料ではなく、入居者からの「家賃」です。**もし、今後あなたのお給料が下がったとしても関係はありません。**

図1-2　不動産投資に融資してくれる金融機関リスト

ジャックス	金利1.75%〜	期間35年
オリックス銀行	金利1.6%〜	期間35年
クレディセゾン	金利1.8%〜	期間35年
イオン住宅ローンサービス	金利1.896%〜	期間45年
東京スター銀行	金利1.5%〜	期間35年
SBJ銀行	金利1.875%	期間35年
きらぼし銀行	金利1.8%〜	期間35年
関西みらい銀行	金利1.55%〜	期間35年
SMBCプレスティア	金利2.22%〜	期間30年

2024年8月現在

※上記の金融機関は提携不動産会社から申し込むケースが多いです
※その他、市中の金融機関も不動産に融資してくれます
※融資条件などは日々変化しています

つまり不動産投資は、金融機関という「他人」から融資を受けて、入居者という「他人」からいただく家賃で返済をしていく仕組みです。しかも自己資金0円ではじめられる可能性があるのです。魅力あると思いませんか?

私は、最初に1600万円の融資を受けてスタートしています。当初は「ドキドキもの」でしたが、すぐに「何を怖がっていたんだろう」と考えられるようになりました。

1-3

基礎知識　時短　ノウハウ　収入アップ　チーム作り　モチベーションアップ

大きく失敗したくない人に向いている

ゆるポイント1 都内中古ワンルームマンションが初心者にはおススメ

ゆるポイント2 中古ワンルームマンションは空室になりにくい！

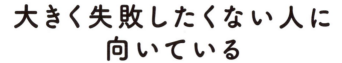

不動産投資は購入する物件の種類によって、進め方、リスク、利益が大きく変わってきます。さまざまな種類の不動産投資の中で「大きく失敗したくない人」に向いている不動産投資があります。**そのひとつが、「都内の中古ワンルームマンション投資」です**。東京23区内の築年数20年ぐらいまでの中古ワンルームマンションに投資する方法です。私自身、世田谷区内の中古ワンルームマンションを購入したのが、不動産投資のスタートでした。不動産投資の最大のリスクは「空室」です。

「空室」が発生すると家賃が入ってきませんので、「長期の空室」が命取りとなります。ですから「空室」になりにくい物件を購入することが一番の成功への近道となります。「空室」になりにくい物件こそが「都内の中古ワンルームマンション」なのです。

ワンルームマンションの需要は高まるばかり

2020年から2022年にかけての新型コロナウイルス感染症まん延を経て、東京ではワンルームマンションの重要が再び高まっています。単身世帯の増加、首都圏回帰、そして23区では各条令でワンルームマンションの新たな建設へのハードルが高くなっています。つまり、既存の中古ワンルームマンションの需要が高まっています。空室になってもすぐに次の入居者が見つかるという状況です。**新築のワンルームマンションと比べて安く購入でき、空室にもなりにくい**という一石二鳥なわけですね。

私自身、現在5戸のワンルームマンションを都内に所有していますが、ここ数年の空室は1戸で、15日間の空室が発生しただけでした。大きな失敗をしないでコツコツ副業として資産拡大をしたい方におススメなのが、不動産投資の中でも都内の中古ワンルームマンション投資なのです。

1-4

基礎知識　収入アップ

たとえ「赤字」でも儲かっている？

ゆるポイント1 月々の利益が手に入る

ゆるポイント2 赤字でも「赤字」ではない

たとえば、2000万円のワンルームマンションをフルローンで金利1・6%、30年の返済で購入した場合、月々の返済はおよそ7万円となります。この物件で家賃10万円をいただき、毎月経費として2万円が出て行った場合、月々手元に残る利益が1万円となります（これを「キャッシュフロー」といいます）。

すでにお話しした通り、不動産投資の最大のリスクは空室です。空室が出にくい都内中古ワンルームマンションだって未来永劫入居が続くとは限りません。**仮に空室になってしまうと、その月のローン返済はご自身の給与か貯**

図1-4　見えないところで資産が増えていく

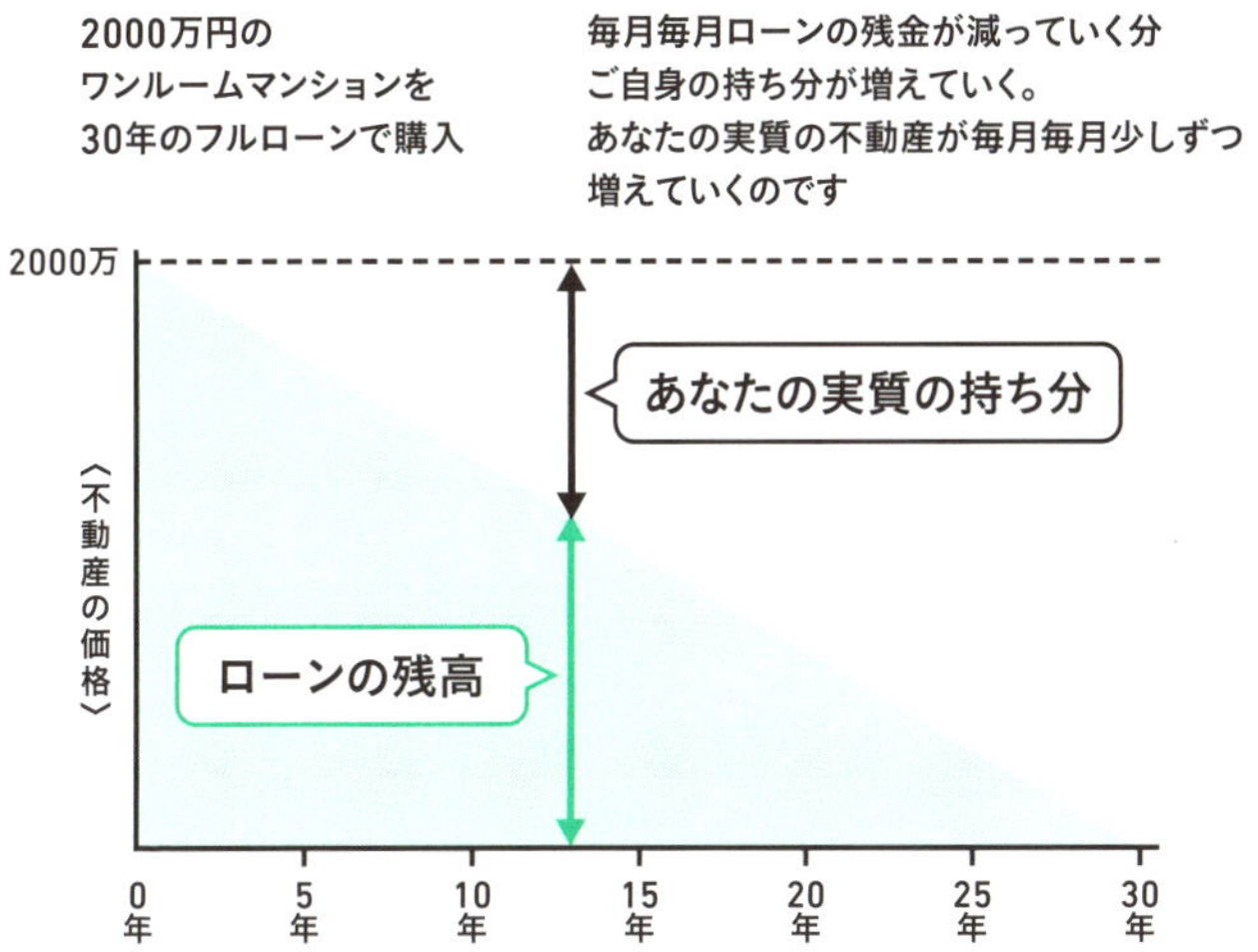

2000万円の
ワンルームマンションを
30年のフルローンで購入
毎月毎月ローンの残金が減っていく分
ご自身の持ち分が増えていく。
あなたの実質の不動産が毎月毎月少しずつ
増えていくのです

金を切り崩していく必要があります。

不動産の中に貯金していく？

もし、1カ月空室が発生するとプラスのキャッシュフローがマイナスになってしまい、月々の返済はご自身のお財布からすることになり「痛い出費」になってしまいますよね。実はこれは「出費」ではないんです。**一見、「赤字」のように見えますが、あくまでご自身のお金を使ってローンの残債を減らしている行為です**。つまり、不動産の中に貯金しているイメージです。そして将来、物件を売却したときに取り戻すことが可能となるのです。

1-5

基礎知識　時短　ノウハウ　収入アップ　チーム作り　モチベーションアップ

不動産にはさまざまな税の優遇措置が用意されている

ゆるポイント1　不動産投資で税金が返ってくる

ゆるポイント2　「経費」が計上できる

「あなたの年収はいくらですか？」と聞かれたらおおよその額を答えられますよね。それでは、「あなたの納税額はいくらですか？（いくら支払っていますか？）」と聞かれて答えられますでしょうか？

自営業の方は、ご自身で確定申告をされているので、おおかたの納税額が頭に入っていると思います。では、会社員の方はいかがでしょうか？　あなたの所得税は？　住民税は？　私自身、会社員時代は自分の納税額を言うことはできませんでした。会社から毎月もらう給与明細の手取り金額の部分しか見ていなかったですね。

知っている者が得をし、知らない者が損をする、それが「税金」

まず、ご自身の給与明細で税額をチェックしてください。相当の金額を納税しているのではありませんか？　そのお金を節税、あるいは取り戻したいと思いませんか？

税金を支払うのは国民の義務です。正しく納税する必要があります。ですが、過度に支払う必要はありません。実は合法的に節税できる方法がたくさん用意されています。それをしない人、いや知らない人が多いのです。特に会社勤めの方は、給与から自動的に税金が引かれていますので、税金に対しての情報弱者になってしまっているのが現実なんですよね。

なぜお金持ちは不動産を持ちたがるのか？

日本で発生する相続税のうち、課税される財産の6割が不動産と言われています。つまり、富裕層の方々は、必ずと言っていいほど不動産を所有されています。なぜか？

不動産にはさまざまな税の優遇措置が用意されているからなんです。お金持ちの方は不動産を使っての節税対策を知っているんです。でも、私たちのような一般人でもすぐにできる「節税方法」があります。

不動産投資で合法的に節税できる

税金の種類で言うと家賃収入は「不動産所得」であり課税方式は「総合課税」となります。同じ総合課税である会社員の収入と合算して申告します。

サラリーマンでの収入と不動産投資での収入を合わせたその課税所得から、税額が決まります。

不動産投資ではさまざまな経費を計上することが可能です。実際に赤字になっていなくとも帳簿上赤字になるということも起こります。

その場合、**プラスのサラリーマンの収入と、マイナスの不動産投資での所得を合わせることにより、税金を減らすことが可能になってくるのです**。

この点はこのあとの章で詳しく解説していきます。

図1-5　10種類の所得について

所得の種類	対象	課税方式
利子所得	公社債や預貯金の利子などに係る所得	源泉分離課税
配当所得	法人から受ける配当などに係る所得	申告不要 総合課税 申告分離課税
不動産所得	不動産や船舶、航空機などの貸付けによる所得	総合課税
事業所得	農業、漁業、製造業、卸売業、小売業、サービス業、その他の事業から生ずる所得	総合課税
給与所得	給与、賞与などの所得	総合課税
退職所得	退職手当などの所得	分離課税
山林所得	山林の譲渡などによる所得	分離課税
譲渡所得	資産の譲渡による所得	総合課税 (一部例外あり)(注1)
一時所得	営利を目的とする継続的行為から生じた所得以外の一時の所得で労務その他の役務または資産の譲渡の対価としての性質をもたないもの	総合課税
雑所得	公的年金などの所得 上記のいずれにも当てはまらないもの	総合課税 (一部例外あり)

**総合課税同士は合算できます
給与所得のプラスと不動産所得のマイナスを
合わせることで所得税を圧縮することが可能です**

(注1)土地・建物など不動産の譲渡に関しては分離課税として取り扱われます

1-6

基礎知識　時短　チーム作り　モチベーションアップ

「忙しい会社員」にこそ向いている

ゆるポイント1 すべて丸投げできる

ゆるポイント2 1カ月に一度、入金チェックするだけ

不動産投資の簡単な流れは、「物件を探す」「融資を受けて物件を買う」「物件を管理して家賃をもらう」「物件を売る」となります。いずれのシーンでも不動産投資を成功させるために重要な行動が求められます。

○物件探し／○金融機関探し／○入居者探し／○入居者との契約／○クレーム処理／○退去の立ち会い／○売却の際の買主探し　など

忙しい会社員の方にとっては、そのための時間を割くことが難しいと思います。しかし、**これらの作業はすべてプロに任せることができる**のです。

優秀な相棒があなたの代わりに大活躍してくれる

物件探しも、金融機関のセッティングも、物件の管理も、家賃の催促も、売却もすべて不動産会社に任せることができるのです。不動産仲介会社、不動産管理会社、保証会社などです。

あなたが本業のお仕事で、取引先の方に業務を依頼すること、ありますよね。それと同じです。信頼できるパートナーに任せちゃえばいいんです。

あなたがやらなければならないことはたったひとつ。**月に一回、通帳記入する、あるいはオンラインバンキングで、ちゃんと家賃が振り込まれていることを確認することです**。

そう、1カ月で数分の作業だけです。

どうです？　不動産投資って究極の「ゆる副業」だと思いませんか？

1-7

チーム作り　モチベーションアップ

お金以外にも得られるものがたくさんある

ゆるポイント1　今まで出会えなかった人と繋がれる

ゆるポイント2　素晴らしい社会奉仕事業にかかわれる

私が不動産投資をはじめて14年が経ちました。「サラリーマン」をFIREすることができましたし、考えていた以上の不動産資産を手に入れることができました。でも、それ以外に2つの大きなものを手に入れることができました。

「新しい仲間」と「社会貢献しているという自負」です。

不動産投資をはじめると、最初は不動産投資の話ができる相手がなかなか見つかりません。あなたの職場で「不動産投資をはじめたんだよ」とはなかなか言いづらいですよね。

不動産投資で人生が変わる

そのため、不動産投資をやっている方たちは、その人たちでコミュニティーを作ることになります。「○○大家の会」などです。ぜひ、そんな集まりに積極的に参加してください。**あなたのこれまでの人生では出会えなかった、世代を超えた多くの仲間と繋がることができます**。新しい人間関係が構築できます。

私自身も「志高き大家さんの集まり・チームアユカワ」というグループを主宰して全国、海外も含めて500名近い大家さんと情報交換をして交流しています。

そしてもうひとつ手に入れたものが「社会貢献しているという自負」です。**不動産投資は、「住まい」を入居者に提供する社会貢献事業です**。

入居者は大家さんの名前を忘れたとしても、住んだ部屋のことは一生忘れることはないでしょう。

あなたは入居者の人生作りのお手伝いをするんです。不動産投資は、単なるお金儲けだけではないんですよね。

Column 1

あの入金の感動は忘れられない

「デスク、ランチに行きませんか？」
「ごめん、今日は一人で行くわ」

部下の中で仕事はできないが一番人懐っこいI君の誘いを私は珍しく断りました。足早に会社から出て、駅前の牛丼屋へ。お決まりの「並とみそ汁」を速攻で平らげ、目的地へ向かいました。目的地とは赤い看板のメガバンクのATM。

私のそれまでのサラリーマン人生で、自ら進んで通帳記入をすることなどありませんでした。でも、今日は違う。部下とのランチを断ってまでもいち早く通帳に印字したかったのです。

ATMに通帳を挿入すると、「ジリジリジリ」という機械音。そして新たに印字された項目が私の目の前に。

入金「●●カンリ　87,400」の文字が。

「キタ、キタ、キター！」

自身はじめての不労所得（家賃）の着金。

2010年9月7日（火）、私の人生が動き出しました。

第2章

不動産投資で稼ぐ前に知っておくべきこと

基礎知識　ノウハウ

不動産投資やることリスト

ゆるポイント1　**まずは小さな目標からスタート**

ゆるポイント2　**あなたのお金をしっかり見える化する**

不動産投資の第一歩、それは不動産投資で毎月いくらの利益が欲しいかを決めることです。「そりゃあ、1円でも多い方がいいです」それではダメです。多額の家賃収入を狙うことは、それだけリスクも大きくなります。リスクヘッジとして不動産投資の知識も必要です。後述しますが、物件の種類による利益を理解した上で、**ご自身の知識量、能力を分析して具体的な目標額を決めてください**。目標額は後々引き上げることも可能ですので、初心者の方はまず月々数千円の利益（キャッシュフロー）を目指すぐらいがいいのではないでしょうか？

目標が設定できたあとにやることはこれです。

①持っている銀行通帳すべてを記入する

②金融資産の洗い出し

③1カ月の家計の収支表の作成

まずはあなたのお持ちの銀行通帳すべてに記入してください。使っていない引き出しの奥に眠っている通帳はありませんか？　それも含めて、現在どの銀行の口座を持っているのかを知ることです。もしかすると、今後その銀行から融資を受けられるかもしれないです。

続いて2つ目に、ネット銀行も含めて各銀行口座のすべての残高をチェック。定期預金、社内預金、財形などあなたの資産を全部洗い出してください。一方、住宅ローンや車のローンを組んでいる方、カードローンが残っている方は、それぞれの残債がいくらかも調べてください。

つまり、**ご自身の今現在の金融資産が負債も含めていくらかをざっくりとまとめてください**。あなたの総財産は今いくらですか？

3つ目にやることは、あなたの1カ月の家計の収支表作りです。家計簿をつけるということですね。毎月の収入はいくらですか？　その中から家賃は？　食費は？　スマホ代は？　衣服代は？　趣味に使うお金は？　今、ご自身が毎月どのような家計で生活をしているのかを調べてください。

「融資してもらいやすい人」になるには？

融資を受けて不動産投資をはじめる時、**お金を貸してくれる金融機関はあなたがお金に対してしっかりしている性格の方かどうかを気にします**。当然、カードローンがたくさんある人より、貯金がたくさんある人を優先して融資してくれます。ですから、ご自身がお金に対してしっかりした性格かどうかを確認しましょう。「あれ？　だらしないかも……」という方は、今からでも遅くないので毎月の家計を見直してください。無駄なサブスクをやめて、スマホも格安スマホにして、浪費癖を直して、月々数千円でも積立貯金するように生活を改善してください。

不動産投資をはじめて、もし空室が発生した場合、ご自身の収入か貯蓄からローン返済する必要があります。ご自身のお金に対する意識を高めることが、なによりのリスクヘッジとなるのです。

図2-1　あなたの家計の健康診断を!　2つのものを作ってみてください

▶ 金融資産 貸借対照表(BS)

資産		負債	
貯金1	200,000	住宅ローン(残)	17,000,000
貯金2	500,000	カードローン	200,000
定期1	1,000,000		
生命保険(解約返戻金)	3,000,000		
自宅マンション	18,000,000		
		純資産	4,500,000
総資産	22,700,000	合計	21,700,000

▶ 家計簿 損益計算書(PL)

収入		支出	
給与	200,000	家賃	45,000
メルカリ収入	2,000	光熱費	10,000
		スマホ代	15,000
		食費	30,000
		洋服他	10,000
		交通費	10,000
		娯楽費	20,000
		サブスク代	20,000
		貯金	42,000
合計	202,000	合計	202,000

2-2

基礎知識　ノウハウ

購入から売却、不動産投資の流れを知ろう

ゆるポイント1　スタートは物件探しから

ゆるポイント2　オーナーチェンジ物件を狙う！

不動産投資は、購入から売却まで数年では終わらず、数十年もかかることもあります。いや、**あなたより不動産の方が長生きして、あなたの不動産を次の世代に相続するという可能性もあります。**長期戦の投資であるがゆえに、将来にわたって安定的に収入を得ることができるのです。その流れを見ていきましょう。

不動産投資は長い道のり

まずは、「物件選択」です。不動産会社に紹介してもらったり、不動産投資セミナーで紹介を受けたり、ご自身でインターネットで探したりする方法も

あります。

気に入った物件があれば売主さんと売買契約を結びます。そして同時並行で、金融機関に融資の申し込みをします。1週間から数週間で結果が出て、審査に通った場合、金銭消費貸借契約を結びます。

その後1カ月程度で、決済（引き渡し）を迎えます。金融機関から融資が実行されて物件の所有権があなたに移転し、晴れてあなたは大家さんです。

物件に入居者がすでにいる場合（「オーナーチェンジ物件」といいます）、すぐに家賃を手にすることができるので初心者にはオススメです。最初から空室の場合や退去してしまった場合は、不動産会社にお願いして入居者を探してもらいます。そして、入居者が決まり、毎月の家賃が入ってくる、これの繰り返しです。

また、最終的には、タイミングを見て売却となります。売却して不動産投資はクロージングを迎えるのです。

長いスパンの中で自分は「今どの段階の不動産投資を進めているのか」を、俯瞰して見ることが大切ですね。

2-3

そもそも不動産投資ってどうやって稼ぐの？

ゆるポイント1 **毎月利益、将来も利益**

ゆるポイント2 **「目に見えない利益」も積み上がる**

不動産投資で利益を得る方法は3つあります。目に見える利益が2つ、目に見えない利益がひとつです。

毎月の家賃収入から経費を引いたインカムゲイン

1つ目は「税引き前キャッシュフロー」と呼ばれるもので、月々いただく家賃から、ローンの返済や諸経費を引いて手元に残る「キャッシュ（現金）」です。月々一定額が入ってくるものなので、家賃さえ入ってくれば安定収入となりますね。

不動産投資でFIREする方もたくさんいますが、この税引き前キャッシシュフロー（インカムゲイン）を毎月得る仕組みを作れるので、会社を辞めることが可能なのです。

売却時に得られるキャピタルゲイン

2つ目は将来物件を売った時に得られる売却益(キャピタルゲイン)。平成バブル期には、ほとんどの投資家がこのキャピタルゲイン狙いで不動産を購入していました。

しかし、現在の**令和の不動産投資は、毎月のインカムゲインをコツコツ得ていくもの**で、キャピタルゲインは「将来のおまけの利益」と考えた方がいいと思います。

ローンが減っていくのも、見えない利益

3つ目の利益は、1-4でもお話ししましたが、「減っていくローンで不動産資産が増えていく」という考え方です。**毎月のローン返済が進むにつれて、ご自身の不動産の持ち分がどんどん増えていく**と考えられます。これも一種の利益ですね。

インカムゲイン、キャピタルゲイン、減っていく残債と複数の利益を得る方法があるのが不動産投資の大きな魅力と言えるでしょう。

2-4

基礎知識　時給　ノウハウ　収入アップ　チーム作り　モチベーションアップ

「不動産の価格」ってどうやって決まるの？

ゆるポイント1　思い切った価格交渉ができる！

ゆるポイント2　安く買って高く売れば、利益が得られる！

不動産の価格には決まりがありません。定価がないのが不動産です。

「え？　不動産屋さんでもらえる販売チラシ（「マイソク」といいます）に価格が表記されているじゃないですか？」と思う方もいるかもしれません。

販売チラシやネットに記載されている金額はあくまで、「売主が売りたいと思っている金額」です。買主が買いたい金額とは違います。売主が1000万円で売りたいとマイソクに記載されていても、買主が800万円で買いたいとなれば、そこから価格交渉が始まります。

そして、たとえば900万円で両者

が合意すれば、900万円が価格となるのです。

ですから同じマンションの同じ間取りの301号室と302号室でも、301号室が2000万円で302号室が2500万円ということも起こり得ます。値段があってないような世界、それが不動産の世界です。

この前提があるからこそ、不動産投資は儲かるのです。投資の基本である、「安く買って高く売る」を簡単にできる市場なのです。

売主と買主の合意で価格が決まるとは言え、何か不動産価格の基準が必要です。そのためにいくつかの指標があります。それが「公示地価・基準地価」「路線価」「固定資産税評価額」そして、「実勢価格（実際に売買された価格）」です。不動産の世界では「一物四価」や「一物五価」と言われています。

公示地価

公示地価とは、国土交通省が全国に定めた地点（標準地といいます）を対象に、毎年1月1日時点の価格を公示するもので、2万6000地点が対象になっています。

公示地価は標準地を1平方メートルあたりの価格で表し、土地取引の基準となる価格

です。毎年3月末に公表され、市区町村役場・インターネットで閲覧できます。

基準地価

基準地価は、「都道府県基準地標準価格（都道府県地価）」とも呼ばれ、都道府県が不動産鑑定士の評価を参考に調査するものです。

毎年7月1日時点の全国の土地価格のことをいいます。公示地価と同様、1平方メートルあたりの価格で表されます。

毎年9月に公表され、市区町村役場・インターネットで閲覧できます。**公示地価が公表されて半年後に基準地価が公表されるために、公示地価の補完的な役割をおっています。**

路線価（相続税評価額）

路線価とは、「公示地価」「基準地価」と同様、土地の価値を表す数字ではあるのですが、相続税・贈与税を計算するときに基準となる数字です。

管轄は国税庁で毎年1月1日を基準日として7月初旬に公表されます。所轄の税務署・インターネットで閲覧できます。こちらも一平方メートルあたりの価格で表されます。

実は路線価は不動産投資にとって非常に重要な数字です。

と言うのも、**金融機関が不動産投資に融資する際、投資物件の評価を出すときにこの路線価を重視するから**です。一般的に路線価は、公示地価・基準地価の80％が目安となっています。

固定資産税評価額

固定資産税評価額は、固定資産税・登録免許税・不動産取得税などの課税評価の基準となる数字です。

3年ごとの「1月1日」を基準日として、市区町村がおおよそ3月から4月にかけて公表します。

市区町村に備え付けられている土地課税台帳、または家屋課税台帳に登録されており、納税義務者（もしくは納税義務者から委任を受けたもの）に限って閲覧できます。

一般的に固定資産税評価額は、公示地価の70％が目安となっています。

実勢価格

実際に取引される価格です。**「公示地価・基準地価」「路線価」「固定資産税評価額」を参考にしながら、売主と買主で合意された金額**となります。

以上となります。初心者には難しいかもしれないですが、信頼できる不動産仲介会社のアドバイスを受けながら、適正価格での取引を目指してください。

安く不動産を買うにはいつ買えばいいの？

不動産の価格は時代とともに大きく変化していきます。その変化は、公示地価・基準地価・路線価・固定資産税評価額とも同じような動きをします。平成バブルの時期、四価とも年々上昇していましたし、バブルが崩壊すると一斉に下落しました。2024年夏の現在は、アベノミクススタート以来上昇傾向が続いています。では、いつ買えば不動産を安く買うことができるのでしょうか？　今買えば安く買えるのでしょう

図2-4　不動産の一物四価

	①	②		③	④
名称	実勢価格	公示地価	基準地価	路線価(相続税評価額)	固定資産税評価額
算定機関	売主と買主	国土交通省	都道府県	国税庁	市区町村
内容		一般の土地取引価格の指標	一般の土地取引価格の指標(公示地価の補完)	相続税や贈与税の計算の基礎となる価格	固定資産税、不動産取得税、登録免許税などの税金の計算の基礎となる価格
基準日		毎年1月1日 発表3月20日頃	毎年7月1日 発表9月20日頃	毎年1月1日 発表8月上旬	1月1日(3年に一度評価替え)
評価の目安		100%	100%	80%	70%

不動産投資に重要な価格が、路線価
(金融機関は路線価を基準に融資額を策定する)

か？　数年後価格が下落してから買うのがいいのでしょうか？

今買えるものを安く買うことに全力を注ぐ

将来の市況を正確に予測することはできません。ますます価格が上昇するかもしれないですし、来年大暴落するかもしれません。大切なのは、「今買えるものを、どこよりも安く買うこと」です。不動産投資は長期の投資ですから、できるだけ早く安く購入してスタートを切ることが、成功の確率を高めていきます。

2-5

基礎知識　ノウハウ

不動産投資はどれくらい儲けられるの？

ゆるポイント1 まずは手堅く毎月数千円ゲット！

ゆるポイント2 不動産投資でFIREもできる！

「不動産投資はどれくらい儲けられますか？」そう聞かれますと、答えに苦しみます。というのは、**不動産投資の利益は投資する物件の種類によって幅が非常に広いから**です。ゆる副業として月々数千円のキャッシュフローを得る第一段階レベルから、本業の年収以上の収入を不動産投資で得てFIREしている人もたくさんいます。

物件別に利益の違いを見ていきましょう。2024年8月現在、区分マンションにはフルローンが出やすく、一棟ものには自己資金が1～2割必要です。それをベースに見ていきます。

具体的にどんな物件がいいのか？

図2-5　どの物件を選べばいい?

■ CASE1　都内新築区分マンション

- 購入価格：3500万円　利回り：3.5%
  (自己資金：0円)
- 年間家賃：123万円
- ローン返済：3500万(2%　30年ローン)
- 年間ローン返済額155万円
- 毎年のキャッシュフロー：−32万円

キャッシュフローはマイナスですが、節税効果があり高所得者に向いています

■ CASE2　都内築浅中古区分マンション

- 購入価格：2000万円　利回り：4.5%
  (自己資金：0円)
- 年間家賃：90万円
- ローン返済：2000万(2%　35年ローン)
- 年間ローン返済額80万円
- 毎年のキャッシュフロー：10万円

まずは手堅くここからスタートするのが安全

■ CASE3　首都圏築古中古区分マンション

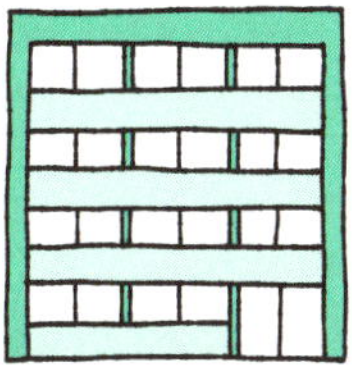

- 購入価格：1000万円　利回り：10%
  (自己資金：0円)
- 年間家賃：100万円
- ローン返済：1000万(2%　20年ローン)
- 年間ローン返済額60万円
- 毎年のキャッシュフロー：40万円

手堅くかつ、もう少し利益を狙いたい方におススメ

■ CASE4　地方築古戸建て

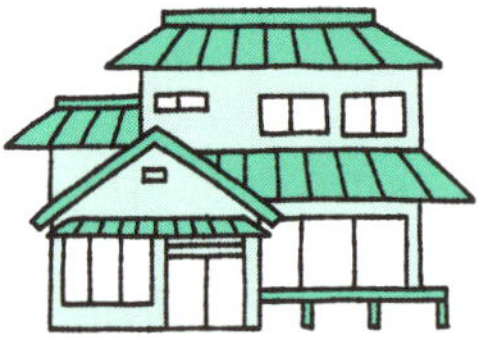

- 購入価格：300万円　利回り：20%
  (自己資金:300万円)
- 年間家賃：60万円
- ローン返済：(なし)
- 毎年のキャッシュフロー：60万円

DIY好きな方に向いています

■ CASE5　地方中古アパート

- 購入価格：4300万円　利回り：12%
  (自己資金:860万円)
- 年間家賃：516万円
- ローン返済：3440万（2%　20年ローン）
- 年間ローン返済額261万円
- 毎年のキャッシュフロー：255万円

ちょっと知識がついてきたので、大きな利益を狙ってみたいという方向け

■ CASE6　首都圏新築アパート

- 購入価格：1億円　利回り：6%
  (自己資金:2000万円)
- 年間家賃：600万円
- ローン返済：8000万（1%　30年ローン）
- 年間ローン返済額309万円
- 毎年のキャッシュフロー：291万円

すでに自己資金が貯まっている方はこの新築アパートから

■ CASE7　都内中古一棟マンション

- 購入価格：1億5000万円　利回り：6%
  (自己資金：3000万円)
- 年間家賃：900万円
- ローン返済：1億2000万（1%　25年ローン）
- 年間ローン返済額543万円
- 毎年のキャッシュフロー：357万円

自己資金があり、知識も充分という方向け

■ CASE8　地方中古一棟マンション

- 購入価格：1億円　利回り：15%
  (自己資金：2000万円)
- 年間家賃：1500万円
- ローン返済：8000万（2%　20年ローン）
- 年間ローン返済額486万円
- 毎年のキャッシュフロー：1014万円

プロの大家さんと言えるほどの知識ノウハウを身につけたらMAXの利益を狙えます

■ 番外編　海外不動産（マレーシア新築区分マンション）

- 購入価格：1500万円　利回り：3%
  (自己資金：150万円)
- 年間家賃：45万円
- ローン返済：1350万（5%　20年ローン）
- 年間ローン返済額107万円
- 毎年のキャッシュフロー：−62万円

売却する際に利益が得られる可能性があります

2-6

基礎知識　モチベーションアップ

不動産投資で副業「最初の目標」の設定は？

ゆるポイント1　リスクが少ない目標でOK

ゆるポイント2　どんどん夢を大きくしていける！

前項の各物件の利益を見て、あなたはどんな物件にチャレンジしてみたいですか？　年間1000万円を超える利益が出る、「地方中古一棟マンション」でしょうか？

気持ちは分かります。そんな物件をひとつ手に入れれば、多くの方は今の収入を超えることができ、すぐにFIREできそうですよね。

でも待ってください。**この「地方の中古一棟マンション投資」には、たくさんのリスクが潜んでいます。** 地方都市は今後人口が減少していくかもしれません。1000万円の利益というのは、年間満室であることが条件です。

とすると、あなたは空室対策の知識も求められます。古い物件でしたら、修繕も必要です。大規模修繕工事のスキルもないとダメですよね。このようにたくさんの学びが必須となってきます。

より現実的な目標は、次の3つの要素から決めていきます。

不動産投資の目標設定に必要な3つの考え

「あなたはどうなりたいですか?」

今から何年後に月々いくらのキャッシュが欲しいかというあなたの目的地です。「1年後に月々数千円のキャッシュフローが欲しい」という方と、「10年後に不動産投資でFIREしたい」という方のやり方は当然違ってきます。

「あなたの属性は?」

属性とは、「年収」「お勤め先」「金融資産」「住宅ローンなどの残債はいくらか?」といったあなたのバックボーンですね。

不動産投資は「融資」を使って資産を拡大していきます。当然属性のいい人の方がたくさん融資を受けられて、早く物件を購入することができます。

「あなたの本気度は？」

本気度とは、今後、どこまで不動産投資に真剣に取り組む意思があるかです。先ほど述べたように「地方の中古一棟マンション投資」にはかなり高度な知識を求められます。

あなたが今後どこまで貪欲に学ぶ意思があるかによってあなたの目標も変わってくるのです。

「あなたはどうなりたいですか？」「あなたの属性は？」「あなたの本気度は？」を冷静に考えて、目標を決めてください。

そして、その目標はどんどん見直し、変えていって問題ありません。目標を高めてもいいですし、目標を下げても構いません。

その上で、**これから不動産投資をはじめる初心者のあなたにおススメな最初の目標**

は、「年間数万円のキャッシュフロー」です。

まずは、リスクが最低限の不動産投資からはじめて、着実に一歩一歩と前に進んでいくのがいいと思います。

かつての私の最終目的地は、「不動産投資でＦＩＲＥ」でしたが、初年度の目標は「年間数万円のキャッシュフロー」とし、都内の中古区分マンションを買い進めていきました。

そして、自分の知識、自己資金の拡大とともに「夢」を大きく膨らませていったのです。

すでに10年後に不動産投資でＦＩＲＥしたいという目標が明確に決まり決断もできている方は、「10年後に月々１００万円以上のキャッシュフロー獲得」が具体的な目標となるでしょう。であれば、まずは年間数万円のキャッシュフロー獲得を実現したあとに、1～2年間不動産投資を徹底的に勉強し、10年後までに一棟ものの不動産を数棟購入することが、夢達成への流れとなりますね。

不動産投資で成功するための3つの数字を知ろう

ゆるポイント1　物件の第一判断は利回りチェック

ゆるポイント2　キャッシュフローで成果を確認

不動産投資で成功するのはどんな物件でしょうか？ それは**「数字のいい物件」**です。物件はさまざまな分析数字で検討していきます。

利回り・キャッシュフロー・GPI・OPEX・NOI・ADS・FCR……。難しいですか？ 大丈夫です。まず入口として3つの数字があります。

○表面利回り
○税引き前キャッシュフロー
○ROI

これだけ押さえればまずは大丈夫です。解説していきます。

「表面利回り」は、計算が簡単で手軽にできるため、最も馴染みやすい指標のひとつです。計算方法は、

「表面利回り（%）」＝「家賃収入（年間満室想定）」÷「物件購入価格」×100

これは、**物件価格に対してどれだけ家賃収入を稼ぐことができるかという数字**ですね。

「税引き前キャッシュフロー」は、すでにお話ししましたが、実際に手元にいくらお金が残るかという数字です。計算方法は、

「税引き前キャッシュフロー」＝「家賃収入」－「経費（修繕積立金、管理費など）」－「ローンの返済」

これは、**税金（所得税）を払う前に手元に現金がいくら残るかという数字**です。この数字はどんどん積み上げていきたいですね。

最後に「ROI」です。「ROI」とは、「リターン・オン・インベストメント（Return on Investment）」の略で、**「最初に出した自己資金を、1年でどれくらい回収できたか？」の運用効率（%）を示す指標**です。計算方法は、

「ROI（%）」＝「税引き前キャッシュフロー（年間）」÷「初期投資額」×100

ROIが高くなれば、高い運用率で投資できていることになります。自己資金を抑えて投資をしていくと、短期に資産拡大が可能となっていきます。

不動産会社からもらえる「マイソク」から、「表面利回り」「税引き前キャッシュフロー」「ROI」がどんな数字になるかを確認しましょう。最初は不動産会社に計算してもらっても大丈夫です。でもいずれは自分で計算できるようになってください。自分で計算できるようになり、自分の理想の「利回り」「税引き前キャッシュフロー」「ROI」の数値を固めていってください。

図2-7 マイソクから3つの数字で分析

ステージマンション大森 価格 **1,850**万円

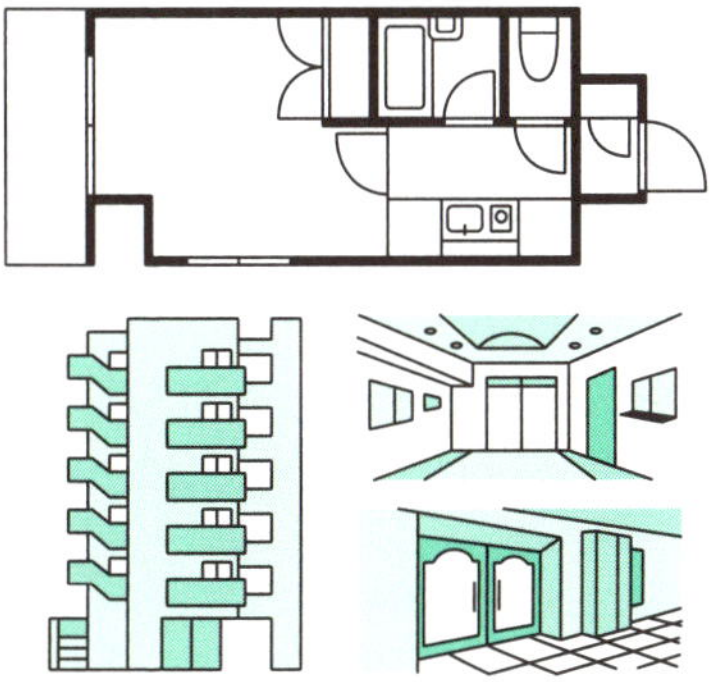

所在	大田区大森西×××
施工	平成8年3月
専有面積	18.99㎡
総戸数	43戸
構造	RC造 地上6階建

京浜急行本線
「大森」駅から徒歩 **8**分

家 賃	83,000円
管理費	8,350円
修繕積立金	4,780円
管理委託手数料	1,100円
手取り家賃	68,770円

区分マンション ステージマンション大森 購入価格 1850万円

[平成8年3月築 RC構造6階建3階部分 43戸 1K/18.99㎡]

● 融資条件

金融機関:	オリックス銀行
自己資金:	100,000円
ローン額:	18,400,000円
金 利:	1.6%
返済期間:	32年
月々の返済額:	61,256円 ①

● 月々手取り家賃

家 賃:	83,000円 ②
管理費:	8,350円 ┐
修繕積立金:	4,780円 ③
管理委託手数料:	1,100円 ┘
手取り家賃: ②－③	68,770円 ④

● 表面利回り 5.38%

● 月々の収支（毎月の税引き前キャッシュフロー）

④－①＝7,514円

● 年間の収支（毎年の税引き前キャッシュフロー）

7,514円×12カ月＝90,168円

90,168円－45,000円＝45,168円
（固定資産税）

● 初期投資

100,000円＋400,000円＋100,000円
（自己資金） （諸経費） （不動産所得税）

＝600,000円

● ROI

45,168円÷600,000円＝7.52%
（年間収支）（初期投資額）

● 実質利回り 4.46%

Column 2

昔住んだ街には思い出がいっぱい

　私はこれまでの人生で、7回引っ越しをしてきました。「大阪府豊中市」、東京都の「新宿区」「江戸川区」「新宿区」「豊島区」、アメリカ「ニューヨーク」を挟んで東京都「港区」、そして「千葉県浦安市」。

「大阪府豊中市」は実家で、最後の「浦安市」は住宅ローンで購入したマンションです。それ以外はすべて賃貸で借りて住んでいました。

　私はかつて住んでいたことのある街に行くと、必ず「懐かしき家」を見に行きます。

　すでに新しいマンションに建て替わってしまった物件、きれいに修繕されている物件、あのときとなんら変わらないボロボロのアパート。

　過去住んでいた部屋、街は私の人生そのものです。いずれも物件の大家さんがいたから、大家さんが私に部屋を貸してくれたから、「楽しい思い出」「悲しい思い出」「悔しい思い出」があり、その積み重ねで今の私の人生があるんです。

　もしあなたが不動産投資をはじめて、部屋を貸したら、入居者はその部屋のことや街のことを一生覚えていると思いますよ。

　そう、不動産投資は、入居者の人生作りのお手伝いをするんです。

第3章

「副業」としての不動産投資の準備

3-1

基礎知識　モチベーションアップ

不動産投資は「投資」でも「副業」でもない？

ゆるポイント1 ＞ 不動産投資は手堅いビジネスである

ゆるポイント2 ＞ あなたの手腕で勝ち組になれる

せっかく不動産投資をはじめるのですから、ビジネスオーナーになるという気概をしっかりと持って取り組みましょう。その差が成功の可否に大きくかかわってきます。

不動産投資をするあなたは、不動産賃貸経営を進める経営者という立場になります。あなたの判断で事業が進んでいきます。**不動産を所有するということは社会的信用も高まりますし、責任も重くなります**。怖がらせるつもりはないですが、あなたの判断で入居者の人生が大きく変わってしまうかもしれません。長期の空室のため賃貸経営に失敗すると、ひょっとしたら自己破産に陥るかもしれません。

あなたは不動産投資でのビジネスオーナー

しかし、一方ではビジネスであるからこそ、あなたの手腕で成功に導けるのです。株式投資や投資信託などは、市況が悪化した時あなたは何もすることができません。好況期になるまでじっと待つしかないでしょう。全部他人任せですよね。不動産投資はすべて自己責任、自分の力で状況を変えることが可能です。

人口減少が続くエリアの物件を購入してしまったとしてもあなたが空室対策を頑張ることで、あなたの賃貸経営はうまくいくかもしれません。今後金利が急激に上がったとしても、他の銀行に借り換えをしたり、繰り上げ返済することで収支を安定させることもできます。ずっと家賃収入がマイナスであったとしても、売却の時に高く売ることができれば、トータル的に成功だったと言えるでしょう。

不動産投資は、あなたの知識、アイデア、人脈などを駆使して苦難を乗り越えることができるのです。

頑張れば頑張るだけ報われるのが不動産投資なのです。副業レベルから、会社経営レベルに夢がどんどん広がりますよね。

3-2

時短　ノウハウ

正しい確定申告で信頼度アップ！

ゆるポイント1 領収書を集めておく！

ゆるポイント2 初年度（初心者）は「自分で申告する」でOK

個人事業をされている方にとって確定申告は馴染みがあると思いますが、会社勤めの方には確定申告の経験はないですよね。不動産投資をはじめると必ず確定申告をする必要があります。

確定申告とは、1月1日から12月31日までの1年間の所得に対する税金などを計算し、税務署に申告して過不足を精算する手続きです。**確定申告では、税金を納める申告と払いすぎた税金が戻る還付申告があります。**確定申告の申告期間は、翌年の2月16日から3月15日です。あなたが今年不動産投資をはじめて家賃収入を手にすると、来年の2月から3月には手続きをする必要があります。

「面倒くさいから、やりたくない」

ダメですよ。必ず申告してください。税務署に申告していないことがあとでばれると多額の追徴税が課せられます。また、確定申告書はあなたの不動産ビジネスの成績表となります。今後さらに不動産投資を拡大していこうとするときの重要な資料となります。金融機関は、あなたの確定申告書を見てこれまでしっかりした不動産経営をやってきたかをチェックします。

いい経営状態が続いていれば、さらに融資をしてくれることになります。**確定申告書であなたの経営者としての信頼度をアップさせることができる**のです。

「今から」確定申告の準備でできること

「じゃあ、物件を手に入れてから確定申告の準備をすればいいですね」違います。今から準備できることがあります。それは、不動産投資の経費になるもののエビデンス（証拠）を残しておくことです。経費となるものとは、不動産を購入するために実際にかかった費用です。たとえば、物件視察に行った交通費、有料の不動産投資セミナーに参加した場合の参加費、などです。**今から領収書などはしっかりと保存するようにしてください**。

実際の確定申告については、税理士にお願いすることもできますが、費用がかかります（当然その委託費用も経費とみなされます）。

初心者の方で、区分マンション数戸や戸建て数戸レベルの不動産投資でしたら、ご自身で確定申告をしてみてください。市販の確定申告ソフトもたくさんありますし、税務署では無料の相談窓口もありますので、手続きや記載方法、入力方法など丁寧に教えてもらえます。

最初から税理士にお願いするのもあり

最終的に、不動産投資でFIREを目指したいという方は、1年目から税理士にお願いしてもいいと思います。**申告の手続きだけでしたら数万円〜10万円程度でやっていただける税理士もいます**。ただ、税理士も得意不得意がありますので、不動産賃貸経営を得意としている税理士にお願いするのがベストでしょう。インターネットで、「（あなたの住んでいる街）、不動産投資、税理士」と検索すれば、いくつかヒットする

図3-2　確定申告に必要な書類

「売買契約書」「媒介契約書」その他、
契約の際の領収書など一式

「融資の返済予定表」

「家賃収支の分かる通帳」

「管理会社からの毎月の明細書」

「経費となるレシート・領収書」

**以上をまとめて、
お近くの税務署の相談窓口に持っていけば、
1時間程度で申告のお手伝いをしてくれます**

と思います。そして、数名の税理士と面談してあなたと感性が合う税理士にお願いしてください。今後、さまざまな場面であなたの良きアドバイザーとなってくれることでしょう。

私の場合は、不動産投資をはじめた初年度から税理士にお願いしています。そして現在14年目になりますが、ずっと同じ税理士にお世話になっています。まさに、私にとっての絶大なる信頼できる相談相手です。

3-3

時短　ノウハウ　収入アップ

「買って、貸して、管理する」3つの仕事の割合

ゆるポイント1 まずは買うことに全力投球

ゆるポイント2 高い家賃が取れる方がいい！

不動産投資実践での「仕事」を大きく分けると3つの作業となります。「買う」「貸す」「管理する」です。

「買う」とは、いい物件を探して価格交渉をして融資を引っ張ってきて購入することです。「貸す」は、あなたの購入した物件に住んでもらう人を一日でも早く見つけることです。3つ目は「管理する」。入居者から毎月期日までに家賃を振り込んでもらい、何か入居者からの依頼やトラブルなどがあれば対応することです。

この3つの作業の中で最も大事であり、**一番力を注がなければならないのが「買う」です**。

第1章でもお話しいたしましたが、不動産投資は「買う」までが9割です。まずはいい物件を買えるまで全力で頑張ってください。

もし、なかなかいい物件に巡り合えず気持ちが萎えそうになったら、「買ったあとは思いっきり楽できる」と信じて走り続けることです。

「買ったあとはほったらかしでOK」の物件を探す

不動産投資を副業でやる場合、できるだけ不動産投資に時間を割かれないようにしたいですよね。「買うまで頑張れば、その後はずっと安定収入が続く」、そんな物件を探しましょう。

具体的には、**「空室」になってもすぐに入居者が見つかるような人気のエリアの物件、供給より需要が勝っているエリアの物件を購入すること**です。購入した時点で「勝ち」が確定している物件ですね。

滞納が発生しにくい物件を狙う

入居者がいるからと言っても100%安心はできません。「家賃滞納」されてしまうかもしれません。

実はこの「家賃滞納」とは、不動産オーナーにとって非常に厄介なものなのです。**払ってもらえない家賃は税法上「未収金」という扱いになりますが、それも課税の対象となってしまう**のです。オーナーからしたら、お金が入ってこないのに税金を取られるなんて踏んだり蹴ったりですよね。

仮に入居者が家賃は払わないし、退去もしないで居座る状態になってしまうと、最終的には立ち退き裁判となります。その場合、決着するまで1年以上かかるでしょうし、多額の裁判費用も捻出しなければならないのです。

ですから、最初から滞納が発生しにくい物件を選びましょう。

どんな物件であれば滞納が起こりづらいかというと、「低い家賃ではない物件」になります。意外に思ったかもしれませんが、**実は家賃滞納する人は「低い家賃」で入居している人が多い**のです。一概には言えませんが、所得が低くギリギリの生活をしている方ですね。

ですから、そういった事態を避けるためにも、そこそこの賃料が取れて年収が安定している方でないと借りられない物件を購入するのが安定収入に繋がります。

図3-3　家賃滞納リスクの対策

家賃保証会社を利用する

家賃保証会社の保証に加入しておけば、家賃滞納が発生した場合に保証会社が入居者に代わって、オーナーの家賃保証を行ってくれます。
その後の立ち退き交渉なども代行してくれます。

連帯保証人を義務付ける

2020年の民法改正により、連帯保証人の極度額の明記が賃貸借契約書で必要になりました。そのため連帯保証人からはとりにくくなっています。

国・自治体の制度を利用する

住宅確保給付金(家賃の一部を補助してくれる制度)、また生活保護をあっせんするのも一案です。

さらに年間を通して入居需要のある物件ということも大事です。12月から3月の繁忙期を逃してしまうと、来年まで入居者が見つからないというのであれば、空室期間が長期にわたってしまう可能性があります。年間を通して人口の流入があり、引っ越し需要、入居需要のあるものを見極める必要があります。

再三、初心者の方におススメしていますが、都内の中古ワンルームマンションなどですと、比較的空室も滞納も発生しづらいというのもおススメする理由のひとつなのです。

3-4

時短 ノウハウ 収入アップ

「副業での不動産投資」の時間確保

ゆるポイント1 移動時間を有効利用する！

ゆるポイント2 週に2物件の視察をノルマに！

不動産投資をやっている人に「地主」さんがいらっしゃいます。ご自身の土地にアパート・マンションを建設して自主管理で入居者に部屋を貸していらっしゃる方々です。「プロの不動産投資家」と言える方ですね。彼らは、言ってみれば24時間不動産投資に時間を割くことができます。だから自ら入居者のお世話をしながら不動産投資を実践することができます。

しかし、副業で不動産投資をやる場合は、そうはいかないですよね。たっぷり時間があるわけではありません。私からのアドバイスとしては、**「スキマ時間と週に半日だけ時間を使ってくだ**

さい」です。

今は物件探しもインターネットで可能です。スマホひとつで大丈夫です。ノウハウもYouTubeなどで学ぶこともできます。そして、スキマ時間をうまく使いましょう。

私がサラリーマン時代に不動産投資をはじめた当初、勉強の場所・物件探しは通勤電車の中でした。毎日電車の中で、不動産会社・先輩大家さんからのメールマガジンを読み、ネットで物件を検索していました。また、寝る前には必ず不動産ポータルサイトもチェックすることを日課としていました。

週に2件の物件視察をノルマに

私の場合、週に2件の物件視察のノルマを自分に課していました。**土曜日か日曜日の午前中に現地視察**。「週末に2件の物件を見るために一週間スキマ時間を使って物件を探す」、そんなイメージですね。また週末に余裕があれば、不動産投資セミナーや大家の会などに参加して、知識と人脈を積み上げていきました。

そんな努力の結果、物件を購入することができれば、あとはあなたのやることは「家賃振込みのチェック」のみとなります。これを目指して頑張りましょう。

3-5

時短　ノウハウ

購入物件と自宅の距離をどう考える？

ゆるポイント1　初心者は自宅から1時間以内がターゲット

ゆるポイント2　慣れてきたら全国を視野に

不動産投資の物件検索で最初に悩むのは、「自宅に近い物件がいいのか？遠い物件でもいいのか？」ですね。**初心者におススメなのは、「自宅の近く」**です。どのぐらい近くかというと、交通機関を使って1時間以内の物件でしょう。1時間以内でしたら、何か特別な事象が発生した場合でも駆けつけることができます。離れている物件では、すぐに行くことができないですよね。

私の場合、千葉県浦安市に住んでいて、最初に購入した物件は東京都世田谷区三軒茶屋駅近くの中古ワンルームマンションでした。1時間の距離ですね。

気持ちの上でも近くの場所での「初めての不動産投資」は安心でした。

距離は関係ないことに気づく

でも、実際のところはどうでしょうか？　私は、最初の三軒茶屋駅の物件について、購入までに一度自宅から1時間かけて現地視察しました。ところがその後、現地に行くことはありませんでした。**二度と行くことなく売却までを完了したのです**。

前項でお話しした通り、「買ってしまったあとはほったらかし」にできる物件を購入することができれば、正直、物件の場所はどこだっていいんです。あなたの代わりにしっかり管理してくれる管理会社が見つかれば、何か起きても管理会社が問題を解決してくれます。

ということで、「自宅から遠い物件は不安」と感じてしまう方は、自宅から1時間で行ける物件を検討し、「別に大丈夫だ」と考えられるようになれば、幅広くエリアを広げて物件を探してください。

ちなみに現在私は、東京、神奈川、三重、大阪、マレーシア、フィリピンに物件を所有しています。気持ち的にはどこの物件だって大丈夫です（笑）。

ノウハウ　収入アップ

自分でやること、まわりに頼ることをしっかり決める

ゆるポイント1 自分の得意なことを伸ばす

ゆるポイント2 感性の合うパートナーを探す

1―6でお話しましたが、不動産投資の一連の作業は、すべてプロの業者に任せることができます。不動産業者に物件探し、金融機関探しをしてもらうこともできます。不動産管理会社に入居者探し、契約、家賃のやりとり、督促、退去の立ち会いまですべてを依頼できます。リフォーム会社には、リフォームから室内のクリーニングまで任せることができます。

ですが、不動産はビジネスであり、あなたも新しいビジネスにチャレンジするのですから、**何かひとつ得意技を作ってください**。

○物件探しは負けない
○金融機関情報には詳しい
○月々の収支計算は任せろ
○宅地建物取引士を取得して契約のプロになる
○入居者と直接やりとりして、好かれる大家さんになる
○DIYで自分で部屋をリフォームできる

このようにご自身の「自信のある分野」を持ち、伸ばすことです。「私は○○大家さん」と、その○○という肩書を見つけることが、あなたの不動産投資のリスクヘッジとなることでしょう。

そして、他人に頼る業務は信頼できるビジネスパートナーにまるっと委託してください。そのためには信頼できるパートナー探しが重要になってきますよね。**感性の合うプロを見つけてください**。

3-7

ノウハウ　チーム作り　モチベーションアップ

最大の難関？「家族の理解」を得る方法

ゆるポイント1 **不動産投資は家族とともに実践する**

ゆるポイント2 **デートで不動産視察を！**

ここまでで「不動産投資は全部丸投げでき、パートナー探しが大切」ということを理解いただけたと思いますが、**何より重要なパートナーは、あなたのご家族です。**

結婚されている方は、配偶者やお子さんでしょう。独身の方はご両親やご兄弟です。

あなたが不動産投資をはじめて、あなたの身に突然の不幸が襲った場合、その事業を引き継ぐのは、配偶者やお子さん、ご両親やご兄弟です。

だからしっかりとあなたがはじめる不動産投資を理解していただく必要があります。

「妻が反対しているんです」、よくそんな声を聞きます。「住宅ローンもまだ残っているのに、不動産投資で借金するなんて絶対に許しません。不動産投資をやるんだったら離婚です！」極端な例ですが、そんな考えの方もいらっしゃるかもしれません。

家族をどうやって説得すればいいのか？

そんな時は「夢を共有してください」。あなたが不動産投資をはじめようと考えたのは、「今以上の生活を送りたい」という夢があったからではないですか？　その夢をご家族にできるだけ詳細にお話ししてください。

「家賃収入が入ったら年に一度海外旅行に行こう」「もう少し広い家に引っ越そう」など具体的な夢を共有できれば、きっと不動産投資を理解してくれることでしょう。

さらに、何か理由をつけて、一緒に物件視察に行くのもいいと思います。外食の前に近くの物件を見に行くなどもいいですね。また一緒に不動産セミナーに参加することも効果抜群です。私は全国各地で不動産投資セミナーに登壇していますが、よくご夫婦で参加されている方を見かけます。

同じ「夢」に向かって行動を共にすれば、きっと気持ちが繋がることでしょう。

3-8

基礎知識　ノウハウ

目標だけでなく「最悪」の設定も忘れずに

ゆるポイント1　悪いこともイメージして事前に対策を！

ゆるポイント2　知識をつければリスクヘッジできる！

　不動産投資は極めて再現性の高い、成功確率の高い投資であると考えていますが、もちろん「絶対」ではありません。世の中、何が起こるか分かりません。その時になってパニックにならないように「最悪」の設定も考えておくことです。

　不動産投資で最悪のこととはどんなことでしょうか？　「借入金利が極端に上昇する」「空室が長期にわたる」「不動産管理会社が倒産」「巨大地震発生で不動産倒壊」「室内で孤独死発生」など、極端な最悪のシナリオですね。考えたくないかもしれないですが、それぞれ対策はあります。

失敗も具体的にイメージする

「借入金利が極端に上昇する」→**事前のシミュレーションをしておく**
「空室が長期にわたって発生」→**さまざまな空室対策を行う**
「不動産管理会社が倒産」→**事前に調査、すぐに新しい会社に依頼**
「巨大地震発生で不動産倒壊」→**火災保険、地震保険に加入**
「室内で孤独死発生」→**事故物件対応の保険に入る**

もちろん、リスクや損害がゼロになるわけではないですが、どれもある程度のリスクヘッジ、リカバリーが可能です。

「準備と知識こそ最大のリスクヘッジ」

そう考えて、頭の中で最悪の「設定」もお忘れなく。不動産投資のリスクについては、第8章で詳しく解説したいと思います。

Column 3

たった3日でオーナーに

とある土曜日の午後、ある不動産会社が主催する不動産投資セミナーに参加しました。セミナー後、個別相談をし、その中で見せていただいた物件のひとつが気になりました。翌週の月曜日の夜9時、仕事が終わった後、物件の案内を受けました。「オートロックで、きれいな物件だなあ」それが第一印象でした。その夜、私は一大決心をします。「はじめよう。不動産投資の一歩を踏み出そう」 そして、一通のメールを打ちました。「本日はありがとうございました。今日の物件、購入したいです」次の木曜日の夜9時、不動産会社の会議室で、売買契約と金融機関へのローンの申込書類に記名押印。

1カ月後には、決済・引き渡し。所有権が私に移転して、不動産オーナー「アユカワタカヲ」が誕生しました。ただ、この日は委任状にサインした上で現場には立ち会わず、私は会社で仕事をしていました。

振り返ってみれば、「土曜日にセミナーに参加して」「月曜日の夜に物件を見に行って」「木曜日の夜に契約した」。私の実働は以上です。

私は、たった3日で不動産のオーナーになれました。しかも、会社を一日も休まずにです。「こんな簡単にスタートが切れるんだ」が当時の私の率直な感想でした。

第4章

実際に不動産物件を見てみよう

4-1

時短　ノウハウ

物件を探す際に必ず見ておくべきチェックポイント

ゆるポイント1 スマホで物件探しをはじめられる

ゆるポイント2 旅行気分で物件探し

不動産投資の最初の一歩、まずは、「物件選択」です。不動産会社の方に紹介してもらったり、不動産投資セミナーで紹介を受けたり。

中でも手軽ですぐにはじめられるのはインターネットでの検索です。あなたのスマホひとつで、全国どこの物件もどんな種類の物件も探すことができます。移動時間などスキマ時間を使って、物件探しをはじめてください。物件の検索サイトも複数存在します。たくさんある不動産ポータルサイトの中で、不動産投資の物件探しで使うサイトは、「不動産売買の情報が掲載されている」ものです。

部屋探しのサイトではなく、物件購入のためのサイトですね。「Yahoo!不動産」「健美家」「楽待」などがあります。その他にも、不動産会社が独自に作っているサイトなども含めると限りなくありますので、**「不動産投資」「売買物件情報」などのキーワードで検索してみてください**。

インターネットには物件に関するさまざまな情報が記載されています。物件の写真、立地、価格など、基本的な情報はもちろん、より詳細なニッチな情報も収集することができます。では、探す際に必ず見ておくべきチェックポイントはどこでしょうか？

必ず見ておくべきチェックポイント

○物件の種類

ワンルームマンション？　一棟アパート？　一棟マンション？　戸建て？

○築年数

昭和○年築？　平成○年築？　令和○年築？　新築？　中には「築年数不明」という物件も存在しますのでご注意を。

〇立地

「〇〇駅から徒歩〇分」だけではなく、その駅は特急の停車駅ですか？　バスの利用はできますか？

〇価格

価格はいくらと書いてありますか？（すでにお話しした通り、この金額は売主さんが売りたいと希望している額であって、最終決定の金額ではありません）

〇利回り

売主希望の金額で買った場合の表面利回りが書かれています。

以上、まずは**「物件の種類」「築年数」「立地」「価格」「利回り」をチェックしていきましょう**。最初は、どれがいい物件なのか見当もつかないかもしれません。しかし、物件チェックを重ねていくと、大体の金額感や利回り感が掴めるようになっていきます（「東京23区内の駅から10分以内の築20年ぐらいのワンルームマンションだと、

図4-1　不動産検索できるサイト一覧

楽待	https://www.rakumachi.jp/
健美家	https://www.kenbiya.com/
at home 投資	https://toushi-athome.jp/
LIFULL HOME'S 不動産投資	https://toushi.homes.co.jp/
東急リバブル 投資用	https://www.livable.co.jp/fudosan-toushi/
Yahoo! 不動産	https://realestate.yahoo.co.jp/
マイソクサーチ	https://www.maisoku.co.jp/search/

2000万円弱ぐらいで利回り5%ぐらいだなあ」という具合です）。

インターネットで物件検索をするのが楽しくなってきたらOKです。スキマ時間を使って、物件を探し続けましょう。自宅近くの物件、過去住んだことのある街の物件、親戚が住んでいる街の物件と、調べる範囲を広くしていきましょう。きっと物件探しをしながらいろんな街の今の情報を知ることができて、旅行気分になるでしょう。そしてあなたが投資したい街（愛する街）を絞り込んでいきましょう。

時短　ノウハウ

4-2

「実物は全然違う？」インターネット検索の落とし穴

ゆるポイント1 物件視察は宝探し

ゆるポイント2 最初はひとりで見に行く！

オンラインで気になる物件を見つけたら、次は実際に現地へ物件を直接見に行くことが重要です。実物を見ることで、オンラインでは得られない詳細な情報を知ることができます。たとえば、**人の往来であったり、周囲の建物の高さ、街の雰囲気**などです。ぜひ、宝探しに行く気分で現地に向かってください。

「実際に見に行ってみると全く良くなかった」とはよくある話です。ネット上の情報はいい点のみをアピールしています。古い物件であっても、写真は新築時のものを掲載している場合もあります。

実際に物件購入を検討する際は、通常は不動産会社の担当者と見に行きます。ですが、最初は慣れる意味でも、ひとりで見に行ってください。不動産会社の担当者と行くと、不動産会社の方は「営業モード」で、物件の魅力を訴えてきます。**たとえマイナスの部分があったとしても、さまざまな美辞麗句を使ってマイナス部分を消してしまいます**。そんな状態では冷静な判断ができなくなってしまうのでまずは物件視察をひとりで楽しんでください。

ひとりで行く場合は物件の外観のみで、オートロックの内部や部屋の中を見ることができませんが、それでも大丈夫です。外観から「いい物件」か「悪い物件」かを、判断できるように経験を積み重ねていきましょう。

まずは、物件の状態を確認する

○建物の外観：最初に印象を決めるのが外観です。**修繕の形跡や亀裂や損傷がないか、塗装の状態はどうかもチェック**してください。

○共有部分：エントランス、階段、廊下の清潔感やメンテナンス状態。たとえば、**ポストのチラシが散らばって床に落ちていたり、廊下や階段に個人の物が置いてあっ**

たりする場合は、管理や清掃が行き届いていない可能性があります。

続いて、立地と周辺環境の確認

〇アクセスと交通：最寄り駅やバス停までの距離、通勤・通学の便利さ。

〇周辺施設：コンビニ・スーパーマーケット、病院、学校など生活インフラの充実度。

〇近隣との関係：近隣物件間の距離。隣がゴミ屋敷だったりしませんか？

〇騒音や匂い：交通の騒音、飲食店からの匂いなど、生活に影響を与える環境要因を確認。

もし、室内を見ることができる場合は次の点をチェック

〇部屋の傷み具合：壁や床のダメージ、水回りの清潔さ、天井にシミやカビがないか。雨漏りはしていないか？　その他、室内の明るさ、自然光の入り方、風通しの良さも確認ポイントです。

〇近隣との関係：近隣物件間の距離。窓を開けたり、ベランダやバルコニーに出て確認しましょう。

図4-2　物件のチェックリスト

		A（優）	B（良）	C（可）
外壁	汚れ、タイル剥がれは?			
内壁	ひび割れはない?			
廊下	汚れ、ひび割れはない?			
階段	手すりや滑り止めは?			
エレベーター	扉の開閉、移動スピードは?			
屋上	防水塗装は?			
給水ポンプ	問題なし?			
セキュリティ	オートロック?			
宅配ボックス	あり?　なし?　数は?			

**全部がAランクの物件なんてありません。
どこまで妥協できるかを考えましょう!**

時間に余裕がある場合は、複数回にわたり現地視察することも重要です。物件は時間によって別の表情になったりします。**「朝」「昼」「夜」「土日」「雨の日」など、何度か現地に足を運ぶことで今まで見えなかった姿が見えてくるかもしれません。**

昼に見に行ったら1階に素敵なカフェがあって気に入った。ところが夜行くとそのカフェがパブとなって酔っ払いが大騒ぎしていた、ということがあるかもしれません。

まさにネット上では分からない、リアルな情報を掴むことです。

4-3

時短　ノウハウ　収入アップ

家賃相場は将来も見据えて「2駅先まで」見ておこう

ゆるポイント1 相場家賃をAIに聞け！

ゆるポイント2 不動産会社の店頭チラシも要チェック！

　不動産投資の成功には、適切な家賃設定が大切です。高い収入を狙って相場以上の家賃を設定してしまうとかえって空室期間が長くなり、トータルで損をしてしまうこともあります。逆に相場以下の家賃で募集してしまうと、入居者はすぐに見つかるかもしれないですが、これも通算で考えると損をしてしまいますよね。

周囲の物件の家賃相場を知ることで、過大または過小な家賃設定を避けることができて、投資効率を最大化することができます。

　賃料相場の調査は、賃貸ポータルサイトで類似物件の募集条件を調べるこ

図4-3-1　不動産賃貸物件を検索できるサイト一覧

SUUMO	https://suumo.jp/
at home	https://www.athome.co.jp/chintai/
LIFULL HOME'S	https://www.homes.co.jp/
アパマンショップ	https://www.apamanshop.com/
エイブル	https://www.able.co.jp/
いい部屋ネット	https://www.eheya.net/
ホームメイト	https://www.homemate.co.jp/
スマイティ	https://sumaity.com/　（投資物件も調べられます）

とからはじめます。

あなたの検討物件と同じ条件、「○○駅から徒歩○分」「築○年」「1DK」「木造」「オートロックなし」などで検索して、今いくらの家賃で募集しているかをチェックしてみましょう。

さらに大事なことは、**2駅先の類似物件の家賃相場もチェックすること**です。あなたの物件より2駅都心より遠い物件の家賃相場が同じだとして、あなたの物件の駅は急行が止まらず、2駅先は急行が止まるとしたら、あなたの物件より2駅先の物件の方が先に空室が埋まるかもしれないですよね。このように、エリアを広げて調べるようにしてください。

そして、もうひとつ「将来家賃」も分析するようにしましょう。

あなたの物件が○○駅から徒歩10分の築10年のワンルームマンションで家賃相場が6万円と予測できたとしたら、同じエリアの築20年の物件、築30年の物件、築40年の物件も調べてみましょう。**あなたの物件が、10年後20年後と家賃を維持できるのか、下がってしまうのかを予測することができます**。

AIが一発で家賃相場を教えてくれる

最近ではAIなどを使って家賃相場を無料で調べてくれるサービスが多く誕生しています。それらのサイトもぜひ使ってみてください。「スマサテ」や「ポルティー」「ホームカルテ」などです。また、地元の不動産会社へヒアリングすることで、リアルな相場感を知ることができます。駅前にある不動産会社に電話をしたり、直接訪問して尋ねるのがいいですが、「そこまでするのは……」という方は、不動産会社の窓ガラスに貼ってある物件図面から、ある程度の情報を掴むこともできます。

賃料の設定を誤ると入居者が集まらず、空室のリスクが高まります。空室は、不動

図4-3-2　家賃査定サイト

家賃査定サイト「スマサテ」
▶ https://owner.sumasate.jp/lp

右のQRコードを読み取り、登録サイトへ移動できます。招待コードが必要ですが、こちらをご使用ください「ayukawa2024」

ポルティー賃料査定 ▶ https://porty.co.jp/

家賃相場AI ホームカルテ ▶ https://yachin-ai.com/

産投資の大敵です。**適切な家賃設定によって、物件の魅力を高め、早めに安定した収益を確保することを目指しましょう。**

日本の不動産界では、これまで物件の築年数とともに家賃は下落するものと考えられてきました。新しい物件ほど家賃が高く、古い物件ほど家賃が下がってしまうのです。

2024年夏現在、インフレで物価高が続いています。今後家賃も上昇すると考えられています。このインフレの波に乗れる物件であることもポイントのひとつです。

4-4

ノウハウ　収入アップ

「大雑把に利益を把握！」机上分析をしてみよう

ゆるポイント1 大雑把に利益を計算してみる

ゆるポイント2 まずはプラスのキャッシュフローを目指す！

収集した情報を元に、その物件でどれだけの利益をあげられるかを調べてみましょう。収支シミュレーションですね。細かい分析ではなく、まずは大まかな収益を把握することで構いません。**簡易的な計算方法は「利益＝収益－支出」で計算します。**

「収益」とは当然家賃収入ですよね。毎月いくらの家賃が入ってくるかです。「支出」とは大きく分けて、「諸経費」と「ローンの返済」となります。諸経費は、ワンルームマンションの場合は「管理費」「修繕積立金」管理会社への「管理委託手数料」などとなります。一棟アパートなどの場合は、「建物

図4-4-1 簡易的収支計算

「利益 ＝ 収益 − 支出」

月々のキャッシュフロー ＝
家賃（共益費を含む） − 諸経費 − 返済

諸経費は「管理費」「修繕積立金」「管理委託手数料」など

より詳しく収支計算する場合は、
アユカワが作成した
収支シミュレーションソフト
「Eiichi君」をお使いください。

▶ https://1lejend.com/stepmail/kd.php?no=bszyylTo

管理手数料」「消防設備点検料」「清掃代」「共用部分の光熱費」そして「管理会社への管理委託手数料」などがかかってきます。

「ローンの返済額」は、借入額、借入期間、金利によって変わってきます。不動産会社の方に計算してもらうか、自分で計算する場合はローン計算ができる金融電卓を使います。最近はスマホのアプリでも無料の金融電卓やローンシミュレーターが提供されています。オリックス銀行はホームページ内で「キャッシュフローシミュレーター」を用意しています。

また、**私が無料で提供しています不**

動産投資収支計算ソフト「Eiichi君」でも計算可能です。ぜひ、ダウンロードしてご利用ください。

ワンルームマンションの机上分析をしてみよう。

購入検討の物件が首都圏エリアの中古ワンルームマンションで、価格が1000万円。月々の家賃が7万円、「管理費」「修繕積立金」「管理会社への管理委託手数料」が合わせて1万8000円だとします。購入価格の1000万円をフルローンで、金利1・8%、返済期間25年で借りることができれば、月々の返済額は4万1000円になります。

この場合の収支シミュレーションは次のようになります。

○利益＝家賃収入－（諸経費＋ローン返済額）
＝7万円－（1万8000円＋4万1000円）＝1万1000円

例に挙げた投資物件の1カ月あたりの利益が1万1000円であることが分かりま

図4-4-2　Eiichi君で月々の返済額を調べる方法

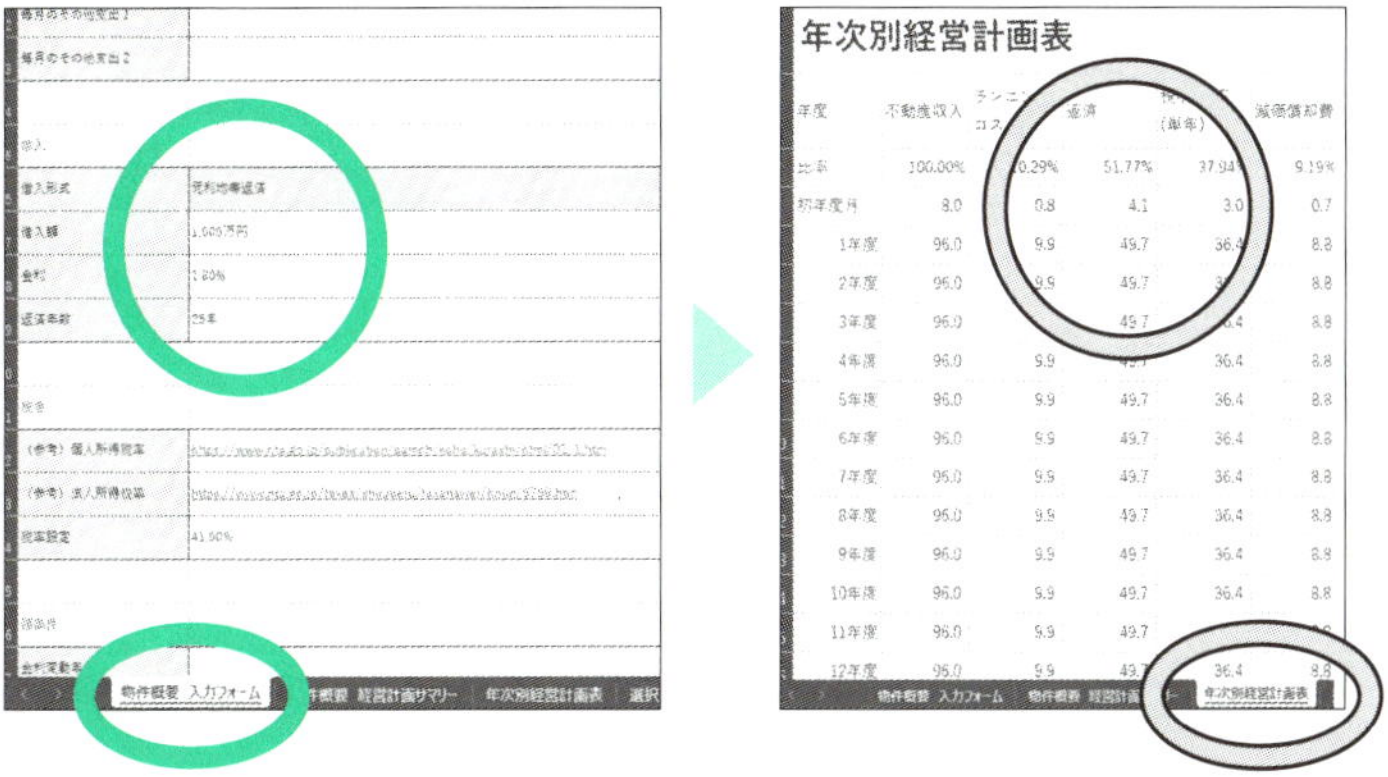

○のところを入力するとグレーのところで分かります

すね。これは、この物件が月々黒字で運営できることを示しています。実際には、この他にも固定資産税などもかかってきますが、まず入口としていくらの利益が発生するのかを確認しましょう。

1―4でもお話ししましたが、たとえ月々の収支がマイナスであったとしても、毎月減っていく残債も利益だと考えることができます。でも、毎月目に見えるキャッシュはあった方がいいですよね。ですから、大雑把な机上分析で少しでもプラスになる物件を探していきましょう。まさに、「宝探し」を続けてください。

4-5

ノウハウ

不動産投資の初心者が「カモられない極意」とは？

ゆるポイント1 不動産投資セミナーは、物件・人脈の宝庫

ゆるポイント2 セミナー参加者のプロを目指す

不動産投資の知識を深めるためにセミナーへの参加はとても有益です。中でも不動産会社主催のセミナーに参加すると、その場で物件を紹介してもらえるメリットがあります。

しかしその一方で、不動産投資の初心者の方が、はじめて参加したセミナーで勧められた物件をよく理解しないまま購入し、失敗してしまったというケースもあります。

ここでは不動産投資セミナーに参加するメリットとセミナー選びの注意点をお伝えします。

不動産投資セミナーに参加する主なメリット

○基礎知識の習得：不動産投資の基本から現在の市場動向まで、初心者にも理解しやすく知識を習得できます。

○専門家からの直接学習：講師や不動産のプロフェッショナルから直接、疑問や不明点を解消できる機会が得られます。

○人脈構築の機会：セミナーによってはセミナー後に懇親会などがあり、同じ目的を持つ投資家（将来の投資家も含む）との交流を通じて、貴重な情報交換や人脈形成が可能です。会社の中だけでは作れない、投資家仲間を見つけることができます。

不動産投資セミナーに参加する際の注意点

○自分の知識レベルに合わせる：不動産投資の経験、個人の年収、貯蓄、ライフスタイルなどによってどのセミナーに参加するのかを決めましょう。初心者なら基本から学べるセミナーを、経験者なら上級情報を提供するセミナーを選びましょう。

○主催する不動産会社の業態を知る：不動産会社はそれぞれ扱っている不動産が違い

ます。「新築区分マンション」「中古区分マンション」「新築一棟アパート」「中古マンション」「築古戸建て」などです。あなたが検討している種類の物件を扱っている不動産会社なのかどうかも事前にチェックが必要です。

○信頼できる不動産会社のセミナーを選ぶ：実績のある会社が主催するセミナーを選ぶことが第一優先です。「主催している会社が上場している」「セミナーの開催回数が多い」「ファイナンシャル・プランナー、税理士など専門家や現役の不動産投資家が登壇している」「SNSで口コミをチェック（参加者のリアルな声こそ一番の判断材料と言えます）」など、方法はたくさんあります。

これらのポイントを押さえることで、**セミナー選びを失敗するリスクを減らし、セミナーに参加するメリットを最大限に活かすことができます**。

私自身、不動産会社主催のセミナーに数多く登壇しています。お仕事の依頼を受けた際、必ずその会社の業態、経営状態、投資家の中での噂話を調べさせていただいています。そして、私自身の判断で「問題ない会社」と判断した場合のみ、セミナー登壇させていただいています。

ですから、私が登壇している不動産会社主催のセミナーではカモられることはないでしょう（笑）。

そしてもうひとつ、**不動産会社セミナーで悪い物件を掴まされないためには、複数の不動産会社主催のセミナーに参加すること**です。

たくさんのセミナーに参加すると、その会社独特の雰囲気や社風というものがすぐに理解できるようになります。「投資家に寄り添って相談に乗ってくれる会社」「営業ゴリゴリの会社」「まさにブラック企業（笑）」など、数多くのセミナーに参加することで、それぞれの会社の特徴が分かるようになります。

ある意味、不動産会社は「物件を売るプロ」。だったらあなたは**「セミナー参加者のプロ」を目指すこと**です。

4-6

時短　ノウハウ

実際に動き出す前に「自分の与信額」を確かめよう

ゆるポイント1 いくら借りられるかをチェック！

ゆるポイント2 早く不動産投資をはじめると融資の枠が広がる！

自分がどれだけの資金を調達できるのかを知っておくことは非常に重要です。自分自身が今トータルで不動産投資のためにどれだけのお金を借りられるか？　この額のことを与信額といいます。**現時点で3000万円借りられる人と1億円借りられる人とでは、戦略も戦術も変わってきます**。ですから、与信額が大事になってくるのです。

与信額を手っ取り早く知る方法

金融機関が与信額を決めるときにチェックする項目は主に次の3つです。

〇年収
〇勤め先の安定性と会社の規模
〇勤続年数・職歴の長さ

与信額は、一般的に年収の8倍〜14倍程度とされています。個人属性を改善することで与信枠が増える可能性もあります。また不動産投資の実績によっても与信額は大きくなっていきます。**早く着実に不動産投資をスタートさせると、年数とともに与信額も拡大しさらに物件購入の道が開けていく**ことになります。

ご自身の与信額をどうやって調べればいいのかというと、金融機関に直接問い合わせる方法もありますが、もっと簡単に知る方法があります。それは、**不動産会社主催のセミナーに参加して、個別相談を受けて担当者に聞くこと**です。不動産会社の営業マンは、これまでの経験則から、あなたの属性（お勤め先、年収、勤続年数、金融資産）などから大まかな与信額を教えてくれます。この情報をいただくことです。

さらに金融機関によっても与信額は変わってきます。不動産会社はそれぞれ提携している金融機関が違いますので、そういった意味でも、たくさんの不動産投資セミナーに参加して、ご自身の与信額を確認してください。

Column 4

不動産セミナーがやっていなかった

不動産投資の勉強をはじめた頃のサラリーマン時代の話です。

ある不動産会社のセミナーに申し込みを入れました。

当日、予想以上に仕事が長引き、急いでセミナー会場のある目黒駅に移動。改札を抜け時計を見るとセミナー開始10分過ぎ。引き返そうとも思いましたが、「せっかくここまで来たんだ、そおっと後ろから参加させてもらおう」と会場に向かいました。

入口の扉を開けると……セミナーは開催されていませんでした。スーツを来た数名の不動産会社の営業マンが後片付けを行っていました。

「あれ？　不動産投資セミナーやってないんですか？」「いや、参加予定者が3名だったんですが、どなたもいらっしゃらなかったもので……それでは、一対一でお話ししましょう」といきなり個別相談がスタートです（笑）。

「アユカワさんの与信額はだいたい5000～6000万円ぐらいですね」「せっかく来ていただきましたから、昨日入ってきた最新物件情報をお伝えしますね」などと、深い相談をさせていただくことができました。

そのときの不動産会社と営業マンとは、今でも連絡を取らせていただいています。「あのとき目黒駅で引き返さなくて良かった」今でもそう思います。あ、遅刻はいけないですけどね（笑）。

第5章

失敗しないための必勝ノウハウ

物件のある「駅」「街」の将来性を調べよう！

ゆるポイント1 若い人が住む街は将来が楽しみ！

ゆるポイント2 再開発の予定がある街は期待大！

不動産投資を成功させるために重要な要素が「立地（ロケーション）」です。**立地選びを間違えてしまうと、不動産投資に失敗すると言っても過言ではありません**。立地が重要な理由は2つあります。

1つ目は、**賃貸需要がない立地を選ぶと空室率が高くなる**ためです。不動産投資では、常に満室経営の状態を保つのが理想です。入居の需要が見込めるいい立地を選定することで、継続的な満室経営の可能性が高まります。

ところが、立地選びを間違えてしまうと、入居希望者が現れず、慢性的に空室が発生する可能性が高まります。

2つ目は、**売却時の資産価値の下落を防ぐ**ためです。不動産投資の成功を左右する要素には家賃収入とともに、キャピタルゲインと言われる売却益も含まれます。インフレや金利変動、エリア需要など多くの社会的要因から時間経過とともに地価が変動します。不動産投資の立地選びでは、購入価格からなるべく価格が下がらないよう、将来的な予測を立てることが重要ですし、地価が上昇することも考えられます。後述するロケーションの将来性を予測することも大切です。

では、物件選びで重要な立地条件とはどんなものでしょうか？　場所選定には3つのポイントがあります。

①都心へアクセスしやすい

オフィスや商業施設が集まる都心では、サラリーマンや若者など必然的に人が集中するため、都心までのアクセスはとても重要です。また、単身世帯をターゲットにした投資物件では、特に都心へアクセスしやすい物件ほど人気が高いです。

②駅から徒歩数分圏内

賃貸物件では駅までの距離は、近ければ近いほど需要は高くなる傾向にあります。

③工場や大学が近くにある

エリアによっては工場や大学の近くにおいても安定した需要を見込めます。これらのエリアで投資を行う場合は、ターゲット層に求められる間取りにする事が大切です。

以上のポイントで及第点の立地であるから不動産投資で確実に成功できるというわけでもありません。**次に押さえるべきポイントは「駅」「街」の将来性があるかどうか**ということです。立地の将来性は、次の項目でチェックしてください。

○人口が増えているか?/住民の年齢層は?

立地の将来性を見極める方法のひとつは、人口が増えているかです。また、住んでいる人は若い単身者が多い街か、または子育てしている夫婦が多いのか、あるいはほとんどが高齢者なのか、それを調べることで街の空気が分かってきます。より若い世代の方が住む街は将来性が期待できると言えるでしょう。

○自治体の取り組み状況は？

各自治体は、住みやすい街作りに向けさまざまな助成制度を設けています。出産支援、新婚世帯の支援などです。最近ではSNSを積極的に活用して街の魅力をアピールする自治体も増えているので、立地選びの参考にしてみましょう。

○再開発をする予定はあるのか？

再開発が盛んに行われている地域は、地価や資産価値の上昇、人口増加による需要増加が見込めるため、今後発展する可能性があります。

これらのポイントを押さえながら、いい立地の物件を探しましょう。**不動産は物件に投資するのではなく、「街」に投資するものだ**と考えてもいいでしょう。

5-2

時短　チーム作り

「誰が物件を売っているか」をチェックしよう

ゆるポイント1　**売主物件か仲介物件か、どちらかを確かめる！**

ゆるポイント2　**売主物件は、仲介手数料がかからない！**

不動産の売買には、3種類の登場人物が現れます。物件を売る「売主」、物件を買う「買主」、そして両者の間に入って契約を取りまとめる不動産会社の「仲介」です。この仲介も1社の場合もあれば、買主と売主それぞれの「仲介」で2社登場することもあります。

不動産の売買には2種類ある

不動産の売買方式には2種類あり、プロの不動産会社が直接「買主」に販売するのが「売主売買（売主物件）」といい、一般人同士の売買をプロの不動産会社が仲介することを「仲介売買（仲介物件）」といいます。

図5-2-1　売主売買と仲介売買

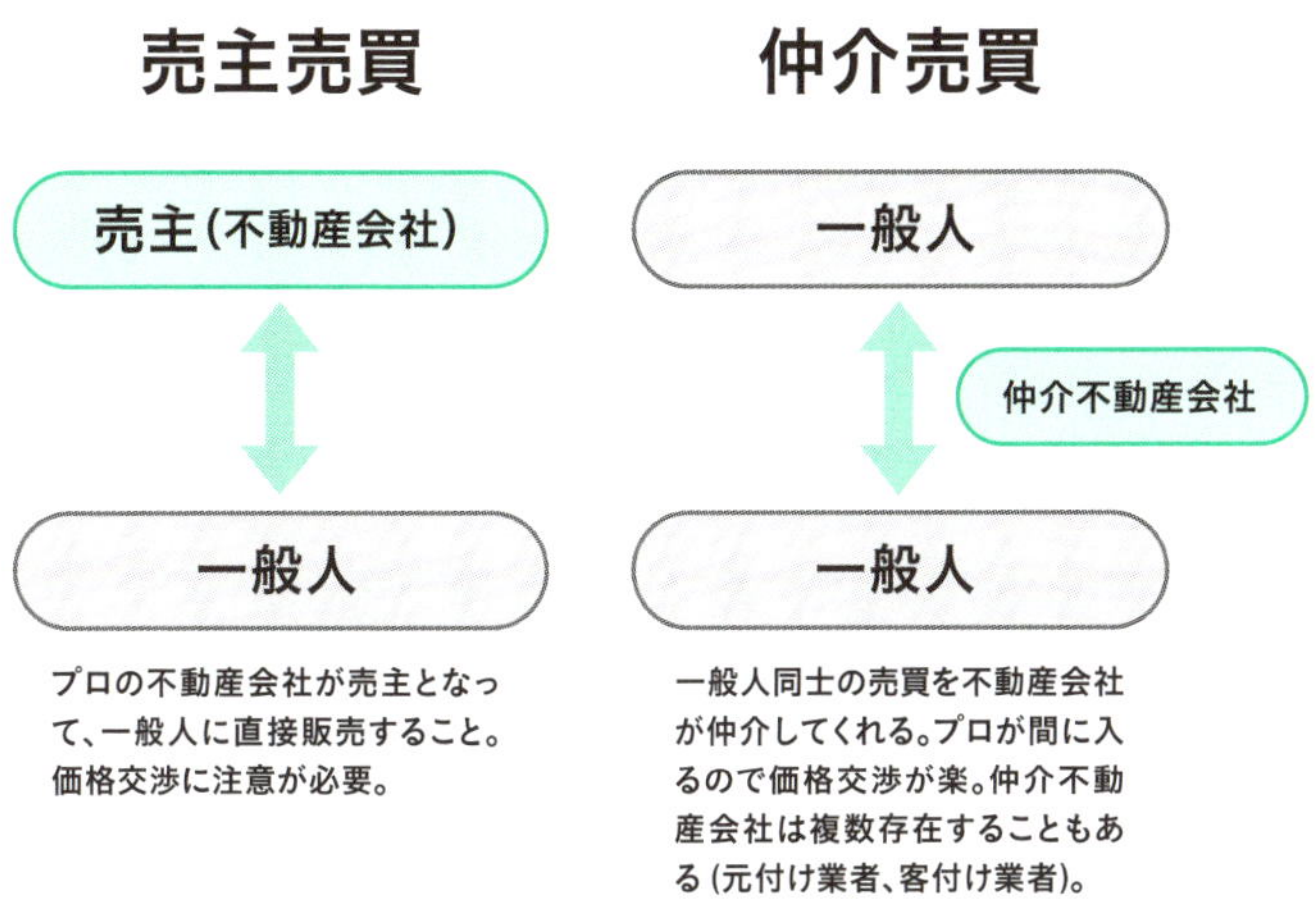
売主売買
売主(不動産会社)
一般人
プロの不動産会社が売主となって、一般人に直接販売すること。価格交渉に注意が必要。
仲介売買
一般人
仲介不動産会社
一般人
一般人同士の売買を不動産会社が仲介してくれる。プロが間に入るので価格交渉が楽。仲介不動産会社は複数存在することもある(元付け業者、客付け業者)。

①売主物件

特徴：不動産会社が直接一般人である買主に販売するスタイル。仲介手数料を支払う必要はありません。

メリット：売主である不動産会社と直接やりとりするため細かい説明を聞くことができ、スピーディーな交渉・取引が期待できます。

デメリット：仲介会社が入らないため客観的なアドバイスが得られません。そのため、慎重に取引を検討することが重要です。

②仲介物件

特徴：買主と売主の間に不動産会社が

入り、契約を成立させる物件。売買契約が成立した際、買主と売主の両者が不動産会社に仲介手数料を支払わなければなりません。

メリット：仲介物件では間に入る不動産会社が、物件の調査や契約関係の書類作成、ローンの手続きの案内や重要事項説明などをすべて行います。買主に不動産に関する知識がなくても、プロに任せて取引を進められます。

デメリット：仲介不動産会社に対する仲介手数料がかかります（基本は売買価格の3％＋6万円）。

ではここで仲介会社が2社入るケースを見てみましょう。**仲介会社2社のうち、売主側に付く業者を「元付け業者」、買主側に付く業者を「客付け業者」といいます**。この場合分かりやすく言うと、元付け業者が売主のために頑張り、客付け業者は買主のために頑張るということです。とは言え、間に2社入ることで、情報の伝達に時間がかかってしまうというデメリットも生じます。仲介会社が1社の場合は、その1社が売主と買主の間に立って取引を進めていきます。仲介会社が売主、買主双方と直接やりとりしているので、スムーズに契約まで進めることができます。

図5-2-2　仲介売買　元付け業者と客付け業者の違い

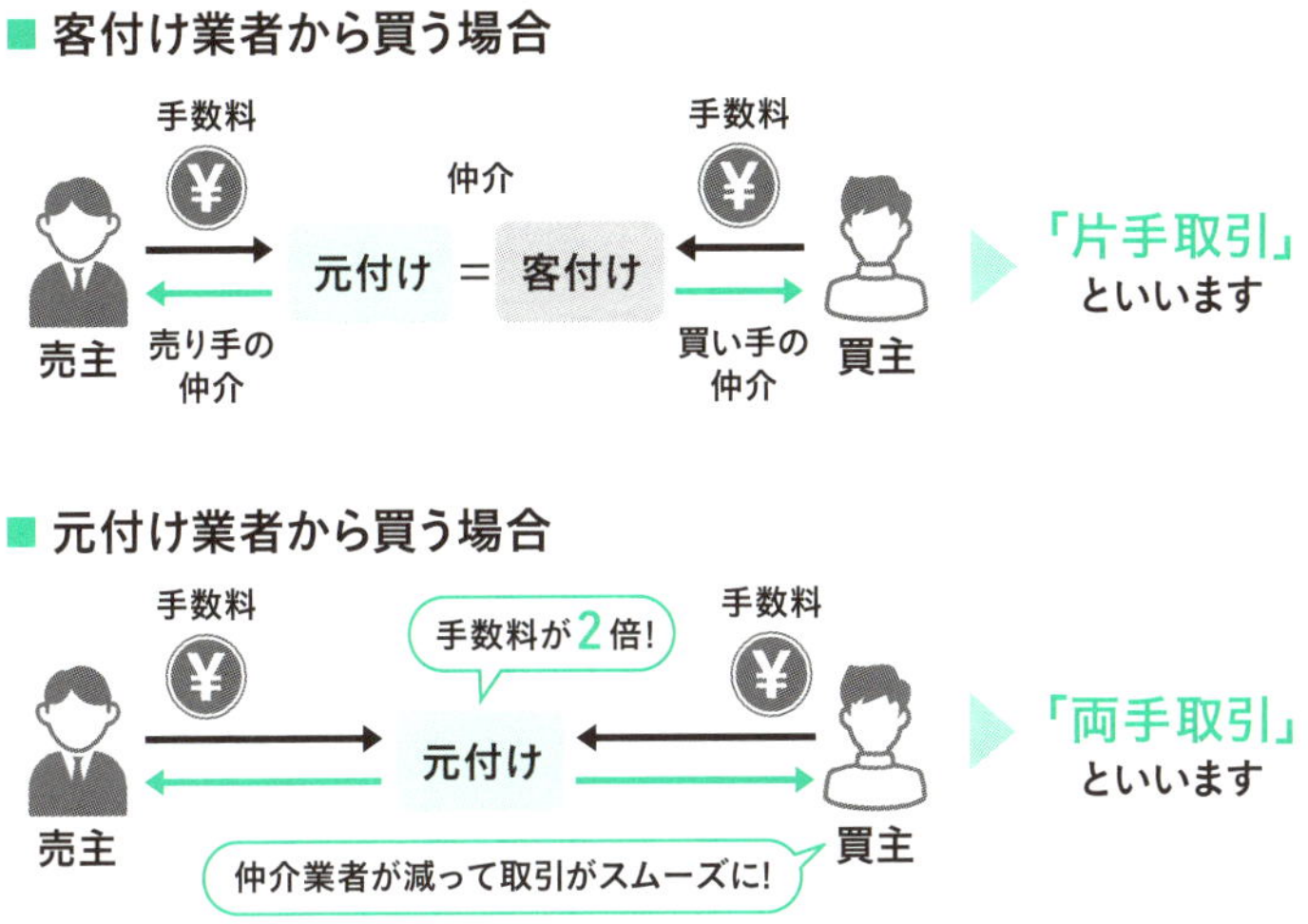

あなたが買主の場合、あなたの担当が客付け業者の場合は100％あなたの味方となってくれますが、元付け業者の場合は、売主サイドにもいい顔をしている立場の不動産会社ということになります。

売主物件、仲介会社が2社の仲介物件、仲介会社が1社の仲介物件では、どの形式がいいのでしょうか？　一概にどれがいいとは言い切れません。これから進めようとしている売買がどのケースで、目の前の不動産会社がどの立ち位置の業者なのかを理解することが大事だと思います。

5-3

基礎知識　ノウハウ

建物を細かくチェックしよう「重要事項にかかる調査報告書」

ゆるポイント1 **管理費の滞納金は必ず事前に精算を！**

ゆるポイント2 **初心者は、マンションの自主管理物件は避ける！**

不動産投資で、中古区分マンションを購入する際に、契約前に事前に確認すべき重要な書類のひとつが「重要事項にかかる調査報告書」です。これは、マンションの建物に関しての説明書・健康診断書のようなもので、管理費や修繕積立金の改定予定や大規模修繕計画の見通し、耐震診断の有無など建物全体に関する維持費や必要費に関する重要項目が記載されています。**これらをチェックしておかなければ、将来的に大規模修繕を行う際に、積み立てるべき金額に達せずトラブルの元になります。**

それでは、具体的にどんな項目を

チェックしなければならないのでしょうか？

ポイントは3つです。

ポイント1：修繕積立金総額と大規模修繕予定

マンションの資産価値を維持するためには、適切な時期に適切なメンテナンスをする必要があります。そのため各マンションは長期修繕計画を作成し、これに基づき修繕積立金を積み立てていき、大規模修繕工事を行います。購入しようとしているマンションが、しっかりと修繕計画が立てられているか、そして修繕積立金の総額がいくらあるのかを調べておきましょう。

大規模修繕工事の直後であれば、残額が少なくても問題ありませんが、あまりに修繕積立金総額が少ない場合は、今後、修繕積立金の値上げや一時金の徴収の話が出る可能性があります。**大規模修繕予定と修繕積立金総額をチェックすることで、マンションの修繕計画が適切なのかを判断する材料になります**。

いつ、どんな工事が行われたのかが記載してある「修繕工事履歴」もあわせてチェックしておきましょう。

ポイント2：建物全体の管理費、修繕積立金の滞納額

購入予定の部屋の管理費や修繕積立金に滞納がある場合、物件の引き渡しまでに、売主に滞納金を精算してもらう必要があります。**滞納金がある状態で契約してしまうと、あなたに支払い義務が発生してしまいます**。また、マンション全体でも滞納金が発生していないかチェックしておきましょう。ある程度の滞納はよくあることですが、**滞納が多く回収ができていないマンションは管理や運営、大規模修繕がきちんと実施できなくなる可能性があるため注意が必要です**。

ポイント3：管理形態

マンションの管理は本来、区分所有者によって組織された管理組合が主体となって行いますが、管理業務にはさまざまな専門知識が必要なため、多くの場合は管理会社に委託します。またはマンションの管理組合によって管理を行う「自主管理」のケースもあります。

管理形態が自主管理の場合、気をつけなければならない注意点があります。たとえ

ば、毎月支払う修繕積立金の額が少なく、修繕積立金が充分に積み立てられていないこともあります。投資用マンションのように所有者が自ら住んでいない場合は管理組合がうまく機能せず、管理がずさんなマンションも多くあります。**はじめて投資物件を購入する場合は、管理組合が管理会社へ管理委託しているマンションを購入するのが無難です。**

その他にも「重要事項にかかる調査報告書」には、次のような内容が掲載されています。

マンションの管理組合とその活動（総会の時期など）／部屋の管理費や積立金などの状況（引き落とし日や滞納の有無など）／マンションの借入金状況／専用使用権について（専用庭、バルコニー、駐車場、駐輪場など）／専有部分の用途制限について／インターネットやBS、CSについて／ペットの飼育や楽器の演奏について／民泊運営が可能かどうか？／リフォームに関する内容／アスベストの使用の調査結果の有無や耐震診断の有無／火災や雨漏り、心理的瑕疵やマンション内トラブル　など

不動産会社の中には、この「重要事項にかかる調査報告書」を見せないで契約させようとする悪い業者もいますので、必ず手に入れてチェックするようにしてください。

5-4

基礎知識　ノウハウ

契約を細かくチェックしよう「重要事項説明書・売買契約書」

ゆるポイント1　**契約日前までに書類をもらってチェック！**

ゆるポイント2　**印鑑を押すまでに不明点の解消を！**

売買契約を行うにあたって大事な書類が2つあります。「重要事項説明書」と「売買契約書」です。

「あれ？　重要事項説明書ってさっきも出てきましたよね？」違いますよ、先程出てきたのは「重要事項にかかわる調査報告書」で、ここでは「重要事項説明書」です。「重要事項にかかわる調査報告書」とは建物に関する大事なことが書かれている文書であり、**「重要事項説明書」は売買契約に関する重要なことが書かれている書面**となります。その違いを知っておきましょう。

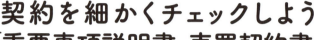

図5-4-1　重要事項説明書で確認したいポイント

重要事項説明者	相手方が、不動産の売主として重要事項を説明するのか、それとも仲介者として説明するのかについて確認。実際の説明者は、説明に先立ち「宅地建物取引士証」を提示することになっているため、宅地建物取引士証でその資格を確認。
取引対象物件	重要事項説明書に記載されている対象物件と登記簿の内容を照合し、自分が購入しようとする物件に間違いがないかを確認。また、抵当権などが設定されている場合は、売買代金支払いまでに抵当権が抹消されるかをチェック。
法令による制限	都市計画法や建築基準法など諸法令に照らし、建築規制や再建築の制限がかかっていないかを確認。
インフラ状況	上下水道・電気・ガスなどのインフラは整備されているか、費用負担はないかを確認。道路については、私道の権利関係に問題はないか、通行できるか、利用する際の費用負担の有無についてチェック。
契約条件	契約の解除・損害賠償・違約金・手付金の保全・契約不適合責任などの契約条件についてチェック、当事者の一方が不利になっていないかを確認。
マンション権利関係や管理のルール	専有部分・共用部分について定めがあるか、その利用・管理の決まりを確認。管理費・修繕積立金の定めがあるか、費用負担、建物管理業者の管理状況も確認。

契約の超細かい内容まで書かれているのが「重要事項説明書」

重要事項説明書には、「取引対象物件」「法令による制限」「インフラ状況」「契約条件」「マンション権利関係や管理のルール」などが明記されていて、売買契約の細部に至るまで書かれています。この重要事項説明書は、宅地建物取引士が記名押印した上で買主に交付し、口頭で内容を説明する必要があります。

契約の概略が書かれているのが「売買契約書」

契約の概略が書かれているのが「売買契約書」となり、双方が署名か記名押印することで売買契約が成立します。

「重要事項説明書」と「売買契約書」で、特に気をつける項目が「契約の解除」です。

売買契約の際には、「まさか契約を解除することなどないだろう」と思われるかもしれませんが、不動産の世界は何が起こるか分かりません。契約解除の際のルールが書かれていますのでしっかりチェックしてください。チェックのポイントは3つです。「手付解除について」「違約金について」「ローン特約について」で、それぞれを解説します。

○手付解除はいつまで？

買主が契約時に支払う手付金を放棄するか、売主が買主に手付金の2倍を返金して契約を解除することを手付解除といいます。この手付解除の期限がいつまでになっているのかを確認しましょう。契約から2〜3週間が一般的です。

○違約金は高すぎない？

契約違反したときに支払う「違約金」がいくらになっていますか？　通常は売買代金の10％から20％で、なるべく10％に設定しておきたいです。

○ローン特約がついていますか？

ローン特約とは、買主がローンを利用する場合、借入額の全部または一部について金融機関の承認が得られないときは、売買契約を白紙に戻せる（無条件で契約解除できる）というものです。ローンを利用する場合は、必ずこの項目をつけてもらってください。

以上の点を細かく確認してください。

一般的に、重要事項説明書も売買契約書も本文は不動産協会のひな型を使っていることが多いです。本文と異なることについてはすべて「特約」という欄に記載されます。「特約」はそれぞれの最後のページにあり、法律上、特約の内容は契約書本文の内容より優先されます。ですから、「特約」に何が書かれているのかも要チェックです。

不動産の売買において、「重要事項説明書」「売買契約書」に記名押印をしてしまうと、後戻りすることはできません。ですから契約日が決まったらその数日前までに書類の草案（ドラフト）を送ってもらい、よく読み込んでください。初心者の方にとっては、分からない言葉だらけかもしれませんが、分からないことは全部不動産会社の担当者に質問してください。そしてすべて理解、納得した上で契約、つまり記名押印するようにしましょう。

私はこれまで数十回もの売買契約を経験してきましたが、今でも契約日の3日前までにドラフト（草案）を手に入れ、契約日前日を一日書類チェック日に充てます。そして不明点をすべてクリアしたのちに当日契約の場に向かうようにしています。

図5-4-2　売買契約書で確認したいポイント

売買の目的物、売買代金	購入物件・購入金額の最終確認。特に、売買代金は消費税を含めてチェック。
手付金、手付解除	手付金の定め方を確認。一般的な手付金の相場は、売買金額の5〜10％。売主が宅地建物取引業者で買主が個人である場合は、上限が売買金額の20％と決められている。手付金は、買主が交付した手付金を放棄するか、もしくは売主が手付金の倍額を買主に返還することで売買契約を解約することができる「手付解除」について契約書上どのように記載されているかチェック。
売買対象面積	物件の面積と測量の関係を確認。不動産（土地）の売買では、実際、不動産を測量せずに登記簿上の面積を対象とするケースも多くあり、購入後に測量してみたら契約書上の面積と異なっていた、といったトラブルが生じるケースも。契約書に売買対象物件の面積が、測量した面積と異なった場合でも、当事者双方があらためて差額代金などを請求しない旨が定められているかをチェック。
ローン特約	定めた期間内に融資を受けることができない場合、契約を解除できる特約がついているかをチェック。

5-5

基礎知識　ノウハウ

融資を細かくチェックしよう「金銭消費貸借契約書」

ゆるポイント1　金利、返済期間に注目！

ゆるポイント2　繰り上げ返済手数料0円を探す！

不動産投資で物件購入の際、大事な書類として紹介していたのが、「重要事項にかかる調査報告書」と「重要事項説明書」「売買契約書」。さらに**4つ目として大事な書類が「金銭消費貸借契約書」です。**

「金銭消費貸借契約書」には、「借入額や返済期間に関する事項」「金利のタイプ、支払金利、返済月額」「諸経費に関する事項」などが記載されています。

金利のタイプには基本「固定金利」「固定期間選択型の変動金利」「変動金利」の3つがあります。それぞれのメリット・デメリットを考慮しながら慎重に検討しましょう。詳細はのちほど解説します。

図5-5　不動産投資で大事な4つの書類

不動産購入に重要な書類

重要事項説明書
物件について、詳しく書かれたもの。宅地建物取引士など第三者の助けを借りて確認しよう

不動産売買契約書
「重要事項説明書」とセットでもらうもの。必ず契約前にもらって、疑問点は解消しておくこと

金銭消費貸借契約書
金融機関によるローンの詳細が書かれた契約書。金利、返済期間、繰り上げ返済手数料などをチェック

重要事項にかかわる調査報告書
建物管理会社が作る建物の健康診断書。中古区分マンションを購入するときには必ずもらう

金消契約で最も気をつけたいポイントは、「繰り上げ返済手数料がいくらか?」です。将来、いつ売却するかわからないですし、他の金融機関に借り換えするかもしれません。そのときに手数料（金融機関によっては違約金とも呼びます）がいくらかかるのかをチェックしておきましょう。最近では、一部のネット銀行では100円単位の繰り上げ返済について手数料無料という場合もあります。

手数料無料だと、毎月生活費の余った分をコツコツ繰り上げ返済するということもできますからね。

5-6

基礎知識　ノウハウ

建物の構造を知ろう（建物の種類と耐用年数について）

ゆるポイント1　**建物の構造によって融資の借入期間が変わる！**

ゆるポイント2　**耐用年数超え物件は現金買いで！**

建物には構造ごとにさまざまな種類があります。木造、軽量鉄骨、重量鉄骨、鉄筋コンクリートなどです。またそれぞれの法定耐用年数も変わってきます。法定耐用年数とは、国税庁が決めた「何年もつ」という基準です。実際は法定耐用年数以上もつのですが、この**法定耐用年数によってローン借入期間や、減価償却の年数が決まる**ために重要な数字です。ですから法定耐用年数の基本を理解しておきましょう。

新築の場合の法定耐用年数は図5－6の通りです。

私たち不動産投資家が気にすべき点は、**法定耐用年数によってローンの融資期間が決まる**ということです。

図5-6　建物の法定耐用年数

構造・設備	耐用年数
鉄骨鉄筋コンクリート造(SRC造) 鉄筋コンクリート造(RC造)	47年
重量鉄骨造(S造)	34年
軽量鉄骨造(S造3mm超4mm以下)	27年
木造(W造)	22年
軽量鉄骨造(S造3mm以下)	19年

借入期間の目安

中古物件の場合は法定耐用年数－経過年数＋経過年数×20%

築30年のRCのワンルームマンションの場合
47-30+30×20%=17+6=23年　23年ローンが組めるかも!?

一般の金融機関では法定耐用年数を超えた物件に融資はしてくれません。たとえば築30年の木造戸建てや、築50年の鉄筋コンクリートの区分マンションはすでに法定耐用年数を超えてしまっているので融資がおりません。まだ頑丈に建っていて、入居者から家賃をいただいていたとしてもです。このような物件は融資を使わず、現金で購入する必要があります。逆に言うと、融資がおりない物件は買い手がなかなか見つかりにくく、売主が売却できずに困っているケースが多いです。そこを現金で買いに行くと意外と安く購入できる可能性があります。

5-7

基礎知識　ノウハウ

ローンの仕組みを知ろう（物件評価と人物評価）

ゆるポイント1　儲かる物件ほど融資額が出る！

ゆるポイント2　堅実性をアピールして融資額をアップ！

不動産投資で銀行から融資を受ける際、金融機関は融資をしてもいいかを審査します。何を見て審査をするかと言うと、**「物件」と「あなた」を見ます。**

物件の評価の出し方には2種類の方法があります。「積算評価」と「収益還元評価」です。積算評価とはそこに存在する不動産の価値自体を計算する方法です。土地の価値と建物の価値を合わせるとその不動産の積算評価になります。収益還元評価とは、その不動産から生まれる収益から価値を計る計算方法です。金融機関はそれぞれの評価方法で出した額まで融資をしてくれます。

どちらの評価方法を使うかは、金融機関によってバラバラです。

積算評価だけを見る金融機関、収益還元評価だけを見る金融機関、両方のバランスを見て評価を出す金融機関などさまざまです。初心者におススメしている築浅の中古ワンルームマンション投資の場合は、**ノンバンク系の金融機関は収益還元で評価を出すケースが多い**です。「儲かる物件には融資する」というスタンスですね。

あなた次第で融資額は変わる

4−6でお話ししましたが、あなたの勤務先や年収などの経済的・社会的背景による属性によって最高いくらまで借りられるかという枠（与信額）が決まっています。

しかし、人によってはその枠を超えて融資を受けられる場合があります。お金遣いの荒い人と堅実な人とでは当然金融機関から見る印象は変わってきますよね。「これまで多くの預金をしてきている」「すでに住宅ローンを完済している」「ご両親が土地持ち」「長年副業として堅実な不動産投資をやってきている」などと、あなたの魅力をアピールすることができれば、規定以上の融資額を獲得できるかもしれません。

5-8

基礎知識　ノウハウ

自分にとって最適なローンの種類を選ぼう

ゆるポイント1　手軽なアパートローンでスタートを！

ゆるポイント2　住宅ローンでの不動産投資は、絶対ダメ！

区分マンションやアパート一棟などの不動産投資をする場合、ほとんどの方が金融機関のローンを利用することでしょう。不動産投資ローンは、主に「アパート・マンションローン（アパートローン）」と「プロパーローン」の2つに分類されます。

アパートローンとは、金利や融資期間など内容がパッケージ化されている融資商品です。設定された条件に合致すれば融資が受けられるローン。区分マンションの融資に対しては、このパッケージ化されたアパートローン融資を利用することが多く、審査期間が短いのが特徴です。**プロパーローンと**

は、都度作り上げられる融資商品です。

融資希望者の資産背景や、これまでの事業の実績、その不動産投資（事業）の将来性などを総合的に審査して判断します。審査期間も、アパートローンに比べてプロパーローンの方が長くかかります。

副業で不動産投資をはじめる場合は、アパートローンからはじめてください。多くの不動産会社がアパートローンを扱っている金融機関と提携しています。最初は不動産会社経由でアパートローンの紹介を受ける方がいいでしょう。

そして今後不動産事業を拡大していきたい、いずれはFIREを目指したい、という段階になれば自分で金融機関の開拓をして、プロパーローンにトライしてください。

ローンの返済方法は2種類

不動産投資ローンの返済には「元利均等返済」「元金均等返済」の2つがあります。

元利均等返済とはローンの返済期間中、毎月の返済額が均等になる返済方式です。月々の返済額は借入開始時から完済まで、ほぼ一定になります。

一方、**元金均等返済とは返済期間中に返済する元金を毎月一定にする返済方法**です。

返済当初の毎月の返済額は元利均等返済より多くなりますが、元金の返済は元利均等返済より早く進みます。そのため、元利均等返済と比べると、総返済額が少なくなります。この2種類の返済方法がありますが、不動産に関する融資の場合はほとんどが元利均等返済となります。

金利の種類は3種類

金利にも種類があり「変動金利」「固定期間選択型の変動金利」「固定金利」の3種類です。不動産投資の月々の収支に大きく影響するのが金利です。

変動金利とは短期金利の変動にともない、一定期間ごとに金利が見直される金利です。一般的には半年に一度です。メリットとしては、金利水準が下がったときには、それに連動して借入金利も下がることです。デメリットは、短期金利が上がったときには、それにともない金利が上昇してしまい、収支計画が立てづらいという点です。

固定金利は一定期間金利が固定されます。その期間の収支計画が立てやすいという特徴があります。デメリットは仮に市場金利が下がったとしても高い金利のままの状態が続いてしまいます。また民間の金融機関の場合は、固定金利で借りているお金を

図5-8　アパートローンとプロパーローン

アパートローン		プロパーローン	
融資条件・審査基準	定まっている	融資条件・審査基準	定まっていない
審査期間	短い	審査期間	長い
金利	高め	金利	低め
借入金額	年収の8〜14倍まで	借入金額	億を超える金額にも対応
取り扱い	各銀行・ノンバンク	取り扱い	各銀行・地方銀行・信用金庫・信用組合
向いている人	会社員、公務員、はじめて融資を利用する人	向いている人	個人事業主、経営者、不動産投資の実績のある人

繰り上げ返済、一括返済する場合、返済手数料（違約金）が発生しますので注意が必要です。

「固定期間選択型の変動金利」は、金融機関によってさまざまですが、「変動」と「固定」の仕組みを合わせたものとお考えください。

最後に、住宅ローンについてひとこと。住宅ローンはご自身のマイホーム購入のために用意されているローンです。そのため極めて低い金利が設定されています。この住宅ローンを使って不動産投資をはじめることはルール違反です。絶対にやってはいけません。

5-9

基礎知識　ノウハウ　収入アップ

購入にかかるさまざまな経費を知ろう

ゆるポイント1　諸費用は7%～10%かかる!

ゆるポイント2　諸費用も含めて全部融資で賄う「オーバーローン」も魅力!

物件を購入するためには諸費用がかかります。その諸費用が結構な額となりますので、事前にしっかりと理解しておきましょう。

購入諸費用としては、仲介手数料や印紙税、登録免許税、火災保険料、不動産取得税などがあり、物件価格の7%~10%が目安と言われています。

ですから、2000万円の物件を購入する場合は、おおよそ140万円から200万円の経費を見込んでおく必要があります。

それでは具体的に、物件を購入するときに必要となる諸費用を見ていきましょう。

①仲介手数料

物件の紹介や契約の媒介を行った不動産業者に対する報酬のことです。宅地建物取引業法で物件の売買価格に応じた金額の上限が定められています。

物件の売買価格が200万円以下であれば5%（税別）、200万円を超え400万円以下であれば4%＋2万円（税別）、400万円を超えれば3%＋6万円（税別）が仲介手数料の上限となります。

最近では、宅地建物取引業法の特例制度の改正により、800万円以下の空き家の売買での仲介手数料が30万円（税別）まで引き上げられました。これは社会問題にもなっている「増え続ける空き家」の解消のために、不動産会社が積極的に仲介をするように促す意味が込められています。

売主物件の場合には、仲介手数料はかかりません。

②印紙税

契約書などに貼付する収入印紙の代金のことです。売買契約書の場合、契約書記載金額が500万円を超え1000万円以下であれば5000円、1000万円を超え

5000万円以下であれば1万円、5000万円を超え1億円以下であれば3万円、1億円を超え5億円以下であれば6万円です。電子契約の場合は不要です。

③登録免許税

登記をする際にかかる税金のことです。土地であれば固定資産税評価額×1・5%、建物であれば固定資産税評価額×2%、抵当権設定であれば借入額×0・4%の登録免許税がかかります。**登記は自分でもできますが、ほとんどのケースは司法書士に依頼しますので、あわせて司法書士への依頼費用もかかります。**

④火災保険料

火災保険に入る場合、火災保険料を支払います。保険料は、加入期間や建物の築年数、構造、エリアによっても変わってきます。

近年の自然災害の頻発による各保険会社の保険金支払い額の増加、資材価格の高騰、人件費の上昇の影響による修理費の高騰などがあり、その分保険料も増加傾向にあります。単年契約より複数年契約の方が、出費を低く抑えることができます。

⑤不動産取得税

不動産を取得したことにつき都道府県に納める地方税のことです。税率は、物件の固定資産税評価額の3％となります。

その他、融資実行の際、金融機関に支払うローン事務手数料などがあります。

アパートローンの中には、**諸費用も含めてすべて融資で賄ってくれる「オーバーローン」を出してくれる商品もあります**。

手出し0円で不動産投資をはじめることも可能です。

5-10

基礎知識　ノウハウ　チーム作り

「自主管理・委託管理・サブリース」管理の種類を選ぼう

ゆるポイント1 コストカットにこだわるなら自主管理！

ゆるポイント2 委託管理でお任せ副業を！

実際に物件を手に入れると管理業務がスタートします。管理業務とは、入居者を探し、契約し、家賃を受け取り、家賃が遅れたら催促し、退去の際は立ち会い、空室のクリーニング、リフォームを行って次の入居者を探すという一連の作業のことをいいます。

この管理業務には3種類の方法があります。「自主管理」「委託管理」「サブリース」です。どれを選ぶかはあなたがどこまで楽したいかで決まります。

家賃の受け取り、入居者のお世話、建物の掃除に至るまですべて自分でやるのが「自主管理」で、面倒な業務を全部不動産管理会社に丸投げできるのが「委託管理」です。

管理を丸投げできるとは言え、どのような管理の作業があるのか、その内容はオーナーとして理解しておく必要があります。

管理業務には、大きく分けて3つの業務があります。「入居募集・契約業務」「契約期間中の管理業務」「契約終了に伴う管理業務」です。

「入居募集・契約業務」：入居者募集・内見案内・入居審査・重要事項説明書・賃貸借契約締結・鍵の引き渡し

「契約期間中の管理業務」：建物維持管理・法定点検・建物清掃・賃料等収納業務・クレーム対応・契約更新・再契約・賃料改定・契約条件変更の交渉

「契約終了に伴う管理業務」：退去立ち会い・原状回復・リフォーム・敷金精算・空室維持管理

かなりの作業ですよね。「自主管理」の場合、これらすべてを自分自身でやらなければなりません。業務委託手数料のコストカットはできますが、「ゆる副業」としてやるには、本業のお仕事を圧迫して無理があると思います。

これらの業務を不動産管理会社に業務委託する方法が「委託管理」です。管理会社に業務をすべて任せながら、あなたは要所要所で大事な判断を下していきます。**一般的に業務委託手数料は家賃の3%~7%となります**。

さて、もうひとつの管理の方法が「サブリース」です。これは、不動産会社に一括借り上げしてもらう方法です。借り上げた不動産会社は、入居希望者に又貸しする形となります。このサブリースは家賃保証がありますので、たとえ空室が発生していても、あなたはずっと家賃を受け取ることができます。借り上げ賃料は相場家賃の80%~90%となります。

「サブリースが一番リスクを抑えられますね」そう思われましたか？　実はこのサブリースにはいくつかの落とし穴があります。まずはサブリース会社と最初に契約した賃料がずっと続くことは確約されていません。数年後に、サブリース会社から社会情勢の変化などを理由に家賃の減額を提案される可能性があります。

また、**サブリースの最大のリスクは、サブリース会社が破綻してしまうこと**です。会社が破綻したとしても、それまでの家賃をしっかり回収し、サブリース契約を解除

図5-10　管理の種類

	特徴	メリット	デメリット
自主管理	建物の管理、入居者の管理、資金の管理のすべてを自らで行う方法	・管理会社に委託しないため、委託管理費用がかかりません。コストカットできて収支改善に繋がります。 ・入居者と直接交流でき、昔ながらの大家さんになれます。	・業務に手間も時間もかかります。夜中に入居者から「鍵なくしました」という電話がかかってくるかもしれません。
委託管理	不動産管理会社にすべての管理業務を委託する方法	・すべて丸投げできます。	・通常家賃の3%～7%の業務委託手数料がかかります。
サブリース	サブリース会社に一括して借り上げてもらう方法	・家賃保証があります。空室が発生している期間もサブリース会社が家賃を保証してくれますので、ずっと安定的に家賃が入ってきます。	・サブリース会社が借り上げる賃料は相場家賃の8掛けから9掛けになりますので、利回り低下に繋がります。また借り上げ賃料はずっと保証されているわけではなく、将来家賃保証額が下げられる可能性もあります。

したのち、次のサブリース会社を見つけるか、委託管理か自主管理に切り替えることができれば問題ありません。しかし、会社が潰れていて、そう簡単に前に進めることはできないでしょう。

「かぼちゃの馬車事件」をご存じでしょうか？　女性向けシェアハウスを運営していた会社が破綻した事件、このケースもサブリース契約でした。事業計画自体ずさんで、銀行融資の際エビデンス改ざんなど次々と問題が発覚し、社会問題となりました。

以上の観点からも、副業で不動産投資をやるなら、「委託管理」で充分だと私は考えます。

Column 5

一生のビジネスパートナーに感謝

私はゆる副業として42歳のときに不動産投資をスタートしました。最初に購入したのが、世田谷区内の築浅の中古ワンルームマンション1900万円でした。それから不動産投資の魅力に取り憑かれてしまいました。区分ワンルームマンションを買い増し、その後一棟ものにシフトチェンジしていきます。不動産投資をはじめたときの「ゆる副業」という目標から、「いずれFIRE」という高い目標に変わっていきました。

そして、不動産投資をはじめて5年後、サラリーマンから独立することができました。独立にあたって私はどうしてもやりたいことがありました。それは、「私のサラリーマン卒業旅行」。

私ひとりの旅ではなく、私の不動産投資のパートナーたちとの旅行でした。私がサラリーマンから次のステージに進めたのは、私を支えてくれたビジネスパートナーのみなさんのおかげです。

2015年4月、信頼すべき不動産会社、信頼すべき顧問税理士と熊本の地で乾杯することができました。不動産投資をはじめて一生のビジネスパートナー、いや、一生の友人と出会えたことに感謝します。

いやぁ、馬刺し、美味しかったなぁ。

第6章

「副業で」不動産投資を成功させる極意

6-1

時短　ノウハウ

「1分で済む」優良物件を見分けるテクニック

ゆるポイント1　「エンパーコウゾウザンヒロサ」がお宝物件を呼び込む！

ゆるポイント2　中古ワンルームマンションは利回り5％以上を目指す！

物件を検討する際にチェックするのが、販売チラシ（物件概要書・マイソク）ですね。このマイソクは統一した書式ではなく1枚1枚バラバラ、しかも細かくいろんな情報が載っています。特に初心者の段階ですと、1枚のマイソクを見て分析するのに相当な時間がかかってしまいます。その物件分析をたった1分で済ませ、優良物件を見つけ出すテクニックをお教えいたします。まずこの言葉**「エンパーコウゾウザンヒロサ」**。

この言葉を覚えてください。呪文のように覚えて、空で言えるようにしてください。そしてマイソクの「エンパーコウゾウザンヒロサ」をチェックしていきます。

「エン」は値段、「パー」は＝（％）利回り、「コウゾウ」は建物の構造、「ザン」は建物の残存年数、「ヒロサ」は物件の広さです。この項目をマイソクから素早くチェックし、「いい物件か、悪い物件か？」「現地視察するに値する物件か？」を判断します。

①「エン」＝物件価格

価格は1000万円ですか？　1億円ですか？　あなたの狙っている物件の規模感と比べてどうですか？

②「パー」＝（％）想定表面利回り

あなたの求めている利回りと比べてどうですか？　**東京23区の区分マンションであれば5％以上あれば合格**でしょう。中古一棟アパートであれば8％がひとつの基準です。

③「コウゾウ」＝構造

物件の構造は木造ですか？　軽量鉄骨ですか？　重量鉄骨ですか？

④「ザン」＝残存年数

残存年数です。耐用年数から築年数を引くと耐用年数があと何年残っているかが分かります。それぞれの構造の耐用年数から築年数を引いてください。つまり、この残存年数までは融資の期間を延ばすことができる可能性があります。残存年数が長いに越したことはありません。

⑤「ヒロサ」＝物件の広さ

区分マンションの場合は部屋の広さです。ワンルームマンションで18㎡だと狭すぎませんか？　また、一棟ものの場合は土地の広さと延床面積の広さです。土地の広さは最低でも100㎡は欲しいですね。

これらのポイントをチェックしていきます。最初は分析に時間がかかってしまうかもしれないですが、これは訓練です。たくさんのマイソクを見て「エンパーコウゾウザンヒロサ」を調べてみてください。いずれ1分で、いやもっと短時間でいい物件かどうかの判断ができることを目指しましょう。

図6-1-1　マイソク（区分）

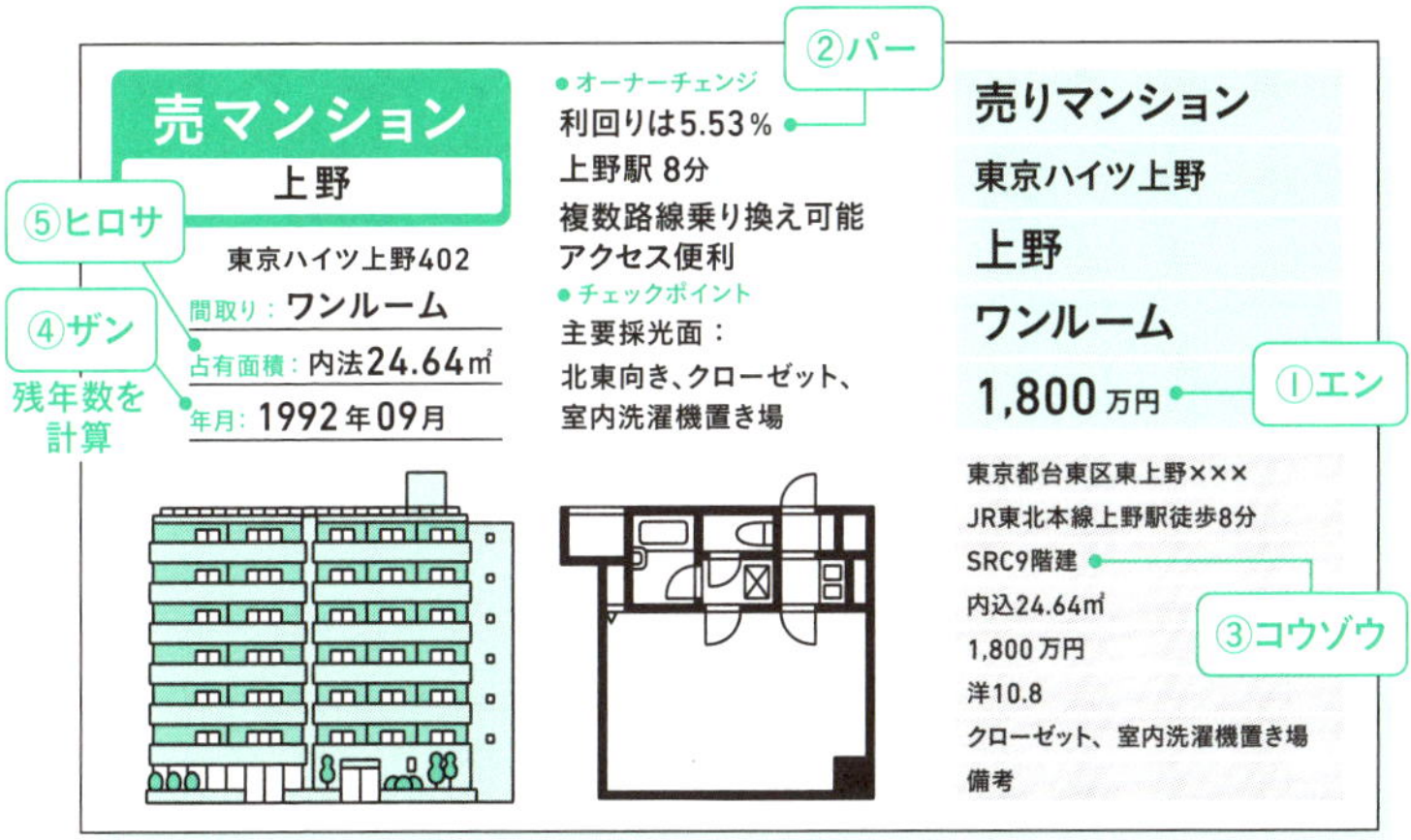

図6-1-2　マイソク（1棟）

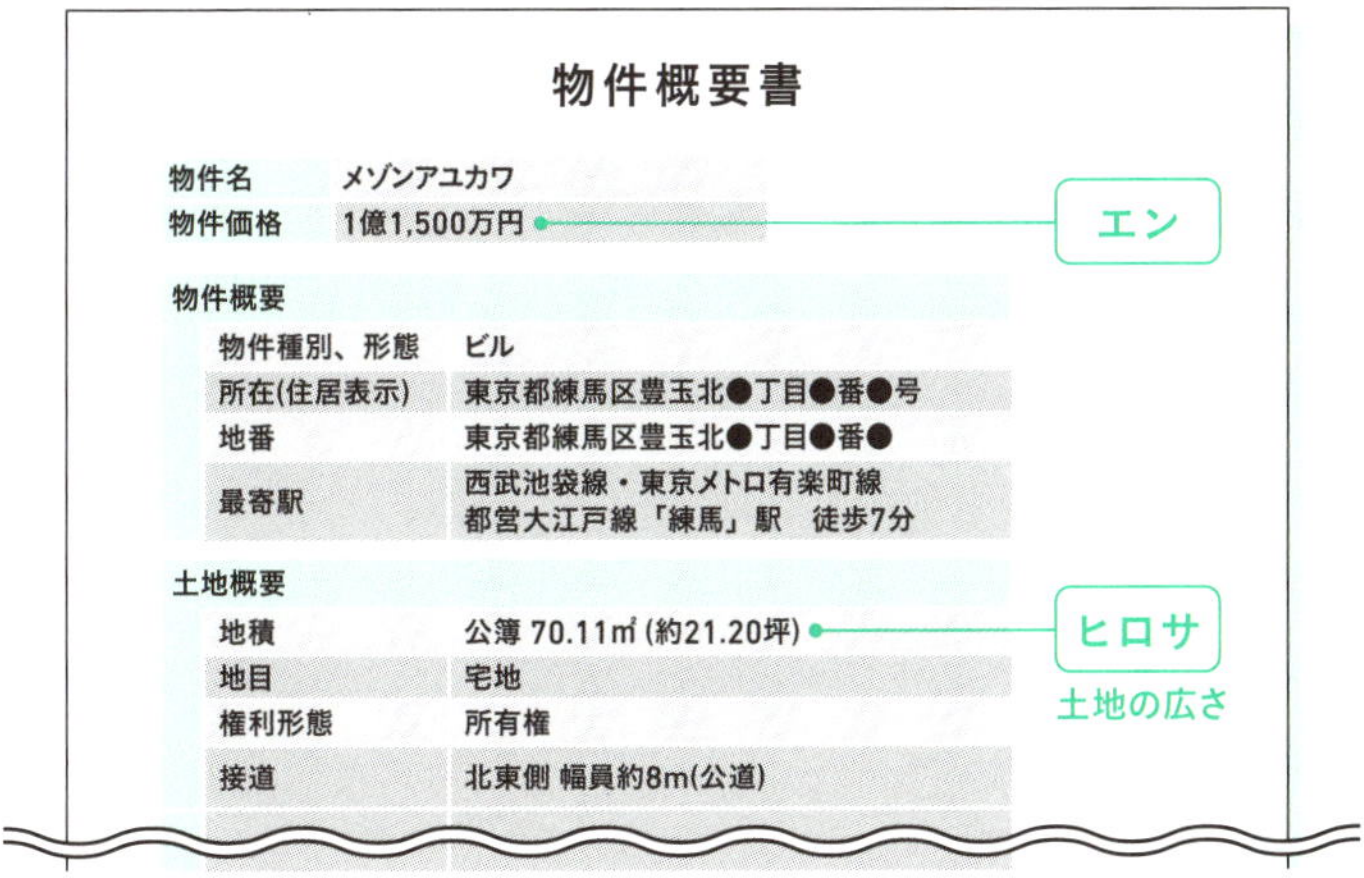

物件概要書

物件名	メゾンアユカワ
物件価格	1億1,500万円

物件概要

物件種別、形態	ビル
所在(住居表示)	東京都練馬区豊玉北●丁目●番●号
地番	東京都練馬区豊玉北●丁目●番●
最寄駅	西武池袋線・東京メトロ有楽町線 都営大江戸線「練馬」駅　徒歩7分

土地概要

地積	公簿 70.11㎡（約21.20坪）
地目	宅地
権利形態	所有権
接道	北東側 幅員約8m(公道)

6-2

時短　ノウハウ

「5分で済む」家から出ずに現地視察する方法

ゆるポイント1　Googleストリートビューで現地にひとっ飛び！

ゆるポイント2　隣が駐車場物件は、ヤバい！？

ゆる副業で不動産投資を実践するためには、できるだけ時間を有効活用したいですよね。実際に一番時間を取られてしまうのが、現地視察です。公共交通機関を使って現地まで足を運ばなくてはならないですからね。ここでは、家に居ながら現地視察する方法をお教えいたします。ずばり、Googleストリートビューを使ってください。

Googleストリートビューとは、Googleが無料で提供しているサービスで、世界中の道路沿いの風景をパノラマ写真で見ることができます。あなたが今後検討しようとする物件のほぼ全部をGoogleストリートビューで視

図6-2-1　Googleストリートビュー

この日付をチェック

マウスを使って、
駅までの道を歩いてみましょう

- **どんなお店があり、環境は？**
- **どんな人が住んでいる街？**

察することができます。

「エンパーコウゾウザンヒロサ」でマイソクをチェックして、お目当ての物件が見つかれば、その住所をGoogleマップに入力してください。そして右下の黄色い人型のアイコンを物件の場所に落とすとストリートビューがスタートします。

まず最初に、Googleストリートビューの右下にある撮影日をチェックしてください。中には10年以上も前に撮影されたものもありますので、その場合は街の様子が随分変わっている可能性があることを頭に入れておきます。

お目当ての物件が見つかったら正面

玄関をチェックします。さらに外観も見てみましょう。続いて、どんな道路に接しているか？　両隣はどんな物件が建っているのかを調べてみましょう。もし、両隣に同じようなマンション、アパートが建っているならば、「ライバル多し」ということになります。また、隣が駐車場の場合、「日当たりが最高だ！」いや、そうではなく、もしかすると今はそこにアパートが建っているかもしれませんので逆に要注意です。

続いて、物件から駅までGoogleストリートビュー上で歩いてみてください。「街の雰囲気」「どんなお店が並んでいるのか？」を見ていきます。

たとえば立ち食いそば屋さんがある、牛丼屋さんがあるとなると、若い独身サラリーマンが多く住んでいる街ということが分かります。おしゃれなカフェがあり、ネイルサロンがあれば、若い女性が多く住む街だということも言えます。あるいはデイケアサービスの事務所があればお年寄りが多く住む街かもしれませんね。

街全体の空気感を探り、どんな人が住んでいる街なのかを知り、あなたが検討している物件はそのターゲットを受け入れることができる物件なのかを分析していきます。

あと忘れてはいけないのは、**駅前の不動産会社をチェックすることです**。将来入居者募集のお願いをする可能性があります。また、駅前に不動産会社が多数見つかれば、

図6-2-2　JRのサイトで情報収集

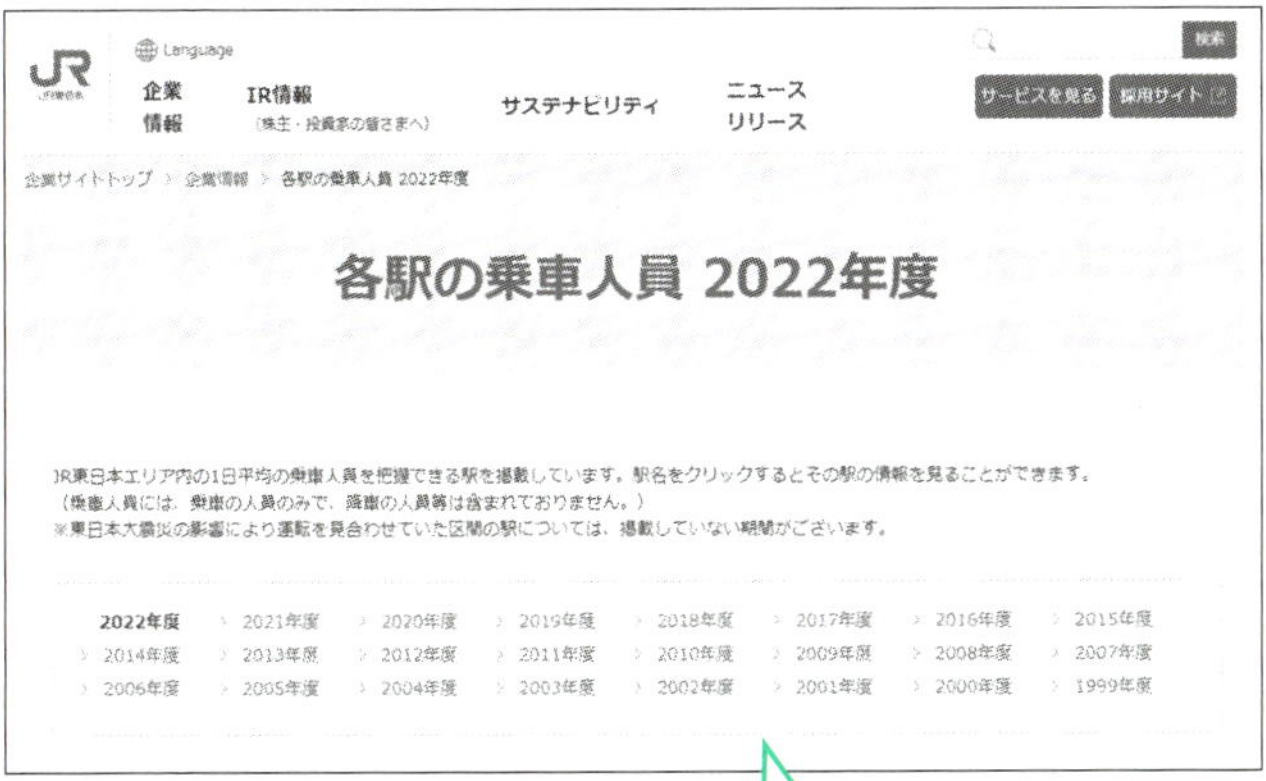

● **詳しくはJRのサイトで**
https://www.jreast.co.jp/passenger/

それだけその街に住みたいという需要があるのだということが分かります。

家にいながら、楽しみながら街歩きをしてください。

そして最後に、ウィキペディアや交通会社のサイトで最寄り駅について検索してみましょう。その駅の乗降客数が記載されています。乗降客数が5万人以上であれば合格、できれば3万人以上の駅近くの物件を検討したいですね。利用者が多いということは、その分、空室リスクも低くなるということが言えます。

これでトータル5分の作業、物件視察完了です。

6-3

時短　ノウハウ

「月に1分で済む」家賃管理の方法

ゆるポイント1 **不動産投資専用の通帳を作成！**

ゆるポイント2 **将来融資してもらいたい銀行を家賃入金口座に！**

物件を購入して入居者が決まり、管理会社に管理を委託すると、もうあなたの不動産投資でやることは何もありません。たったひとつやることは毎月一度の通帳記入をすることです。今では、紙の通帳よりネット通帳が主流になってはいますが、**不動産投資を実践するにあたっては、紙の通帳を使いたい**です。

理由は「一目で経営状態が把握できること」、そして今後の不動産投資を拡大する際に、次に融資を受ける金融機関に通帳のコピーを見せるだけで不動産賃貸の経営状態を一目瞭然に伝えることができるからです。

1物件に対して1通帳

ノンバンクから融資を受ける際は、家賃振込みと融資の引き落とし用の口座として、今まであまり使っていない銀行口座か新しい口座を用意してください。また金融機関から融資を受ける際には不動産投資専用の新しい口座を作ってもらってください。

そして、その口座はその物件にかかるすべての入金出金に使います。「家賃入金」「ローンの引き落とし」「修繕積立金・管理費の引き落とし」「固定資産税の支払い」などです。**1物件の収支をまとめることで、通帳自体がこの物件の収支表となる**のです。

次の融資先を狙って口座開設

ノンバンクから融資を受ける際の返済口座はどの銀行でも構わないのですが、できれば「次の融資を考えての口座開設」をするようにしてください。融資の可能性がある銀行に口座を作っておくと、その後の相談に行きやすくなるからです。融資の状況は日々変わっていきますが、地方銀行、信用金庫・信用組合はいつの時代でも比較的積極的に不動産投資に融資してくれる傾向にあります。

6-4

基礎知識　時短　ノウハウ　収入アップ　チーム作り　モチベーションアップ

「月に5分で済む」確定申告で税金を取り戻すテクニック

ゆるポイント1　買い物の際は必ずレシートか領収書をもらう!

ゆるポイント2　何に使ったか、必ずメモ書きを!

すでにお話ししている通り、不動産投資で収入があると(正確に言うと年間20万円以上の収入が入ると)確定申告をする必要があります。また上手に確定申告することで節税することが可能になります。

サラリーマンが不動産投資を行う場合、不動産投資の収入と本業での収入を合わせた課税所得額から、所得税が決まります。サラリーマンは個人としての経費が認められていませんよね。一方、**不動産投資では経費が認められています**。不動産投資で経費が多くかかってしまい結果的に不動産投資が赤字になってしまった場合、本業の所得と合算して計算することにより所得税の納税額が少なくなります。

よって源泉徴収で納めていた所得税が、多く支払い過ぎているということになり、確定申告を経て、税金の還付を受けられます。

3月15日までの確定申告後、4月頃に指定の口座に還付金が振り込まれます。

特に本業の収入が高額の方ほど、この恩恵を受けやすくなります。

経費とはどんなもの？

不動産投資で経費になるものは、「不動産所得を得るために使った費用」となります。管理委託費などに加えて、不動産投資を勉強するために参加したセミナー代、購入した書籍代、物件視察に行ったときの交通費、不動産会社との打ち合わせ（会合費）などもです。実は、ひとつひとつの判断が微妙になります。

「会社の先輩と飲みに行った。**先輩が不動産投資をやっていて不動産会社を紹介してくださった**」↓この飲み代は経費ですよね。

「会社の先輩と飲みに行った。**会社の愚痴を言い合った**」↓この飲み代は経費ではないですよね。

「**物件視察のために**札幌に行った」↓この旅費は経費ですよね。

「**家族旅行の合間に**札幌で物件を見てきた」↓この旅費は経費ではないですよね。

あとで税務調査が入ったときに税務署員に堂々と経費だと言えるかどうかが重要になります。

毎日5秒でやること

まず日々出費があった場合、必ずレシートか領収書をもらうようにしてください。そして、毎日寝る前に財布に入っているレシート・領収書をクリアファイルか封筒に投げ入れてください。毎日やることは、これだけです。

月に5分でやること

月末か月初に、たまったレシート、領収書を引っ張り出しましょう。それらの中から不動産投資の経費になるものを選りすぐり、裏にメモ書きしてください。「○○本購入」「○○さんと会合、◇◇不動産会社の紹介を受ける」「△△マンション視察のための新幹線代」など。物件視察の場合は見に行った物件の資料や簡単なリポートがあれ

図6-4　不動産投資の経費

本当に不動産投資の利益獲得のために使った経費なのかがポイント！

実際に税務署から否認されたケース

①「入居者サービスでディズニーランドに行きました」

→ **家族と行ったんでしょう？SNSに家族写真上げてますよね**

②「ワンルームマンションの１戸のオーナーが会合費1000万円計上」

→ **ワンルームマンション経営でそんなに会合費は使わないですよね**

ばなおさらいいですね。

つまり、**「これは不動産投資の経費である」という証拠をひとつでも多く残しておくこと**です。この積み重ねが正確な経費計上に繋がり、もし不動産投資で赤字になってしまった場合、本業の所得と合算により所得税還付を受けることが可能になります。

嘘の申告はダメですよ。さらにお話しすると、**不動産投資で赤字を作ってしまうと、税金が返ってくるという利点はあるものの、金融機関からの印象は非常に悪くなります。**今後も不動産投資を拡大していきたいとお考えの方は過度の節税は要注意です。

良い物件を引き寄せるテクニック

ゆるポイント1　情報を発信すれば、お宝物件情報がやってくる！

ゆるポイント2　あなたの情熱を不動産会社に伝える！

不動産投資は情報戦と言ってもいいでしょう。2つとしてない「いい物件情報」を手に入れることができれば、成功する物件を持つことができます。ではその情報はどうやって手に入れればいいのでしょうか？　もちろんインターネットなどから探し出すこともいいですが、できることならネットに流れる前の時点で情報を掴みたいですよね。つまり川上の情報です。

それには**不動産会社から直接情報をもらうしかありません**。たくさんの不動産会社と出会ってビジネスパートナーを増やしていく努力が必要です。

その際に重要なことは、あなた自身の情報を開示していくことです。どこに勤めていて、年収いくらで、金融資産がいくらあって、どんな物件を探しているか？　**個人情報を伝えること**です。中には、自分の個人情報を出すことを拒み、「勤め先は言えませんが、いい物件情報が入ったら教えて」という方がいらっしゃいます。そんな方のところには絶対いい物件情報が回ってくることはありません。たくさんの不動産会社と商談して、あなたの属性とどんな物件を検討しているかを伝えてください。

あなたの本気度を伝えましょう！

不動産会社の方は過去何度も、融資先も見つかりいざ契約という段階で、多額の融資に怖気づいてしまって購入をやめてしまう人を見ています。だから、強い意思を持った人に物件を紹介したいと考えています。あなたが、「近い将来必ず不動産投資をスタートしたい」と考えているのであれば、その情熱を担当者に伝えましょう。「希望の物件が見つかれば、すぐに意思決定します」「すでに金融機関からは2000万円まで融資の内諾をいただいています」など、あなたの積極スタンスを伝えて、ライバルより先に自分のところに情報が届くようにしていきましょう。

6-6

ノウハウ　収入アップ

価格交渉で役立つテクニック

ゆるポイント1 価格交渉の第一歩は端数切り！

ゆるポイント2 売主物件は年度末を狙え！

2－4でお話しした通り、不動産には定価がありません。売主と買主の合意で販売価格が決まります。だから**売主も当然最初の出値で売れると思っていないですし、ある程度の指値は想定内のこと**です。だから、必ず価格交渉を行ってください。

不動産の価格は結構中途半端な売り出し値になっています。ワンルームマンション1210万円とか、中古アパート4550万円とかです。切りのいい数字ではありません。この「端数」こそ、最初の価格交渉のポイントです。

「ぜひ購入したいのですが、端数をなんとか……」この交渉です。

これも売主からすると想定内なので、「ではワンルームマンション1200万円で」「中古アパート4500万円で」と落ち着くことはよくある話です。

売主物件は、価格交渉しづらい

売主が不動産会社の「売主物件」の場合、不動産会社が物件を仕入れてそれに利益を乗っけて販売している営業方法になります。つまり、売主物件で価格交渉するということは、「不動産会社の利益を削ってください」とお願いするようなものです。考えてみれば、失礼な話ですよね。そんな売主物件でも価格交渉に応じてくれる場合があります。それは、**不動産会社の期末月や上期締めのタイミング**です。不動産会社も決算前に利益を確定させたいので、多少の指値をされてでも売買を成立させたいという思惑が出てきます。そんなタイミングにあたると市場価格以下で購入することも可能です。また、上顧客になるということもプラスになります。**その不動産会社から複数購入すると、その分値引きしてくれることがあります**。

いずれにしても、非常識な価格交渉は避け、売主も、不動産会社も、自分も納得する契約を目指しましょう。

Column 6

「じゃあ、仲介手数料を値引きしますよ！」

私はこれまで数十戸の不動産を購入してきましたが、毎回必ず理由を挙げながら価格交渉をしてきました。「○○万円のリフォーム代がかかりそうなのでその分値引いてください」「今の家賃は相場以上の賃料になっています。退去した場合は家賃が減額される可能性がありますので、その分値引いてください」などです。

過去に一度、価格交渉で面白い体験をしました。私は出値8300万円の中古アパートを購入する交渉をしていました。仲介不動産会社を通して何度か価格交渉をさせていただきました。8200万円になり、そして8150万円まで下がりました。私サイドが、どうしても8100万円でないと購入できない状態だったので、改めて交渉するも「それ以上は無理」という返答でした。

ギリギリのところで断念しようと思ったそのとき、仲介会社からの提案がありました。「じゃあ、仲介手数料を50万円値引きしますよ。ですから、8100万円で契約しませんか？」意外な提案に驚きました。まさに、仲介会社と二人三脚で不動産投資を実践しているんだなあと、実感した瞬間でもありました。無事8100万円で契約し、物件の管理をその仲介会社にお願いしています。そして毎月の管理手数料をお支払いしています。

私の良きビジネスパートナーです。

第7章

空室を
出さないためには
どうすればいい？

7-1

時短　チーム作り

入居付けの仕組みを知ろう

ゆるポイント1　管理委託での入居者募集は楽ちん！

ゆるポイント2　スキルを上げるには、自主管理での入居募集がおススメ！

不動産投資をはじめて空室が発生した場合、**入居者を探すことになります。入居者を募集する方法は管理委託の場合と自主管理の場合で違います。**管理委託の募集の場合は、管理会社は他の宅建業者に物件情報を提供して入居者を探してもらい、その契約業務のまとめ役となります。主なメリット・デメリットは図7－1の通りです。

一方、自主管理の場合は、オーナー自らが複数の業者に同時に依頼することができます。

自主管理のメリットは「集客力のある業者に直接依頼できる」ことであり、デメリットは「契約書の書式がバラバ

図7-1　管理委託の募集のメリット・デメリット

メリット

- 募集活動の窓口となり責任をもって募集活動してくれる
- 鍵の管理が一元化できる
- 業者が他の集客力のある客付け業者に営業してくれる
- 契約書や審査方法を統一することができる

デメリット

- 業者が物件情報を抱え込んでしまう恐れがあり、その場合なかなか空室が埋まらない
- 集客力のない業者の場合、入居者決定まで時間がかかる

ラになる」「募集する業者によって入居審査の方法が違い統一化できない」「鍵の管理、業者からの電話が頻繁にかかってくる」といったことが考えられます。

このように、ゆる副業として不動産投資をやるには、断然、管理委託を選択し、信頼できる不動産会社に入居募集をしてもらうに限ります。将来不動産投資を拡大し、そのノウハウを増やしていきたいのであれば、自主管理で入居者を募集するとスキル向上も人脈も拡大させることができます。

7-2

ノウハウ　収入アップ　チーム作り

広告費（AD）という仕組みを知ろう

ゆるポイント1 敷金・礼金・フリーレントで、引っ越ししやすい状況を提供

ゆるポイント2 ADは空室対策の最終兵器！

部屋を貸す際に、家賃の金額を決めると同時に、「敷金」「礼金」をどうするかという問題が発生します。

敷金とは、賃貸契約の際の担保となるお金で、「賃料の不払いの補填」「修繕費用の負担」に充てられます。「礼金」は、部屋を貸してもらうことへのお礼として支払うお金です。つまり**入居者から見ると、「礼金」は戻ってこないお金で、「敷金」は返金の可能性のあるお金**です。「敷金」「礼金」の相場は、地域や物件によってさまざまですが、それぞれ家賃の1カ月～2カ月分といったところです。入居者にしてみると、それだけ初期費用がかかってしま

うことになります。

ですから、敷金0、礼金0にして引越ししやすい環境にしてあげるということも空室対策のひとつです。

またフリーレントというものもあります。「フリーレント1カ月」とは、「最初の月の家賃をタダにしますよ」というサービスです。あなたの物件を選んでくれる可能性が高くなりますよね。さらに不動産の世界にはADというものがあります。

ADは入居付けの栄養ドリンク

ADとは広告費「Advertisement（アドヴァタイズメント）」の略称ですが、広告のための費用ではなく、入居者を見つけてきてくれた不動産会社にオーナーから支払うインセンティブのことです。

本来なら、入居者を見つけてきた不動産会社（客付け業者）は入居者から仲介手数料として上限、家賃の1カ月分をいただくことができます。それが売り上げのすべてとなります。しかし、AD（1カ月分）を設定しておくと、入居者を見つけてきた不動産会社は入居者から1カ月分の手数料とさらに、オーナーから1カ月分の手数料を手にすることができます。つまり、同じ業務をしたとしてもAD（1カ月分）が設定されている物件であれば倍の売り上げを作ることが可能です。

であれば、不動産会社は自然とAD（1カ月分）が設定されている物件を紹介するようになり、空室が埋まりやすくなるという仕組みです。

日本の不動産業界の悪しき習慣ですが、この仕組みを理解しておく必要があります。

それではどんな場合にADを設定する必要があるのでしょうか？

郊外など空室が多いエリアで、ADをつけるのが当たり前の地域

都市部に比べて郊外では賃貸ニーズが少なく、客付け業者に熱心になってもらわなければ空室が埋まりません。多くの不動産オーナーがADを設定しているエリアでADをつけないと、客付け業者は他の物件を優先します。**ライバル物件の多くがADをつけていると分かったら、自身の物件にもADはつけた方がいい**でしょう。

2カ月以上も内見者がいない場合

内見者がいない物件は、客付け業者が熱心になっていない物件の可能性があります。

図7-2　敷金・礼金・フリーレント・AD

敷金	●入居者から大家さんに対して預ける「担保」 ●何もなければ返金する
礼金	●入居者から大家さんに対して支払う「お礼」 ●返金の必要なし
フリーレント	●入居してから○カ月家賃をタダにしてあげる
AD（広告費）	●入居者を見つけてきてくれた不動産会社にオーナーから支払うインセンティブ家賃の○カ月分

2カ月以上経っても内見者がない場合は、それまでつけていなかったADをつけたり、**ADを家賃1カ月から2カ月分に上乗せしたりして状況が変わるかを見極めましょう**。

ADは不動産賃貸市場の需要と供給のバランスに大きな影響を受けます。提供される物件が少なく、部屋探しをしている人が多いエリアではADの必要もなく、敷金2カ月、礼金2カ月とることができるでしょう。ADは客付けの最終手段の劇薬です。まずは、さまざまなアイデアを駆使して空室期間を一日でも短くしていきましょう。

7-3

ノウハウ　収入アップ

幅広く入居者を受け入れよう（外国人・高齢者・障碍者・LGBTQ）

ゆるポイント1 高齢者受け入れは、空室を埋めるチャンス！

ゆるポイント2 幅広く受け入れることで社会的なオーナーに！

2017年に「住宅確保要配慮者に対する賃貸住宅の供給の促進に関する法律（住宅セーフティネット法）」がスタートし、2024年に改正されました。これは高齢者、子育て世帯、低所得者、障碍者、被災者など、いわゆる住宅確保要配慮者が入居しやすい賃貸住宅の供給促進を図るものです。

ところが実際は、高齢者や低所得者層、外国人など、住まいを探してもさまざまな事情により入居先を確保することが困難な人たちが今もなお存在しています。

日本では年々65歳以上の高齢者の人口が増えています。

現代では、高齢者夫婦のみで生活していたり、伴侶を亡くされて高齢者おひとりで生活していたりするケースが多く見られます。

このような現状から、高齢者のみの賃貸住宅の需要が増加しているのに対し、高齢者のみの入居はリスクが高いとみなし、問答無用で拒否しているオーナーも少なくありません。昔ながらの地主大家さんは、「ひとり暮らしのお年寄りダメ、外国人ダメ、障碍者も避けたい、LGBTQって何？」と考える方も少なくないのです。

私たちがゆる副業として不動産賃貸業にあらたに参入する者として、**時代に合った需要に応えていくべき**です。それが不動産投資の成功にも繋がります。

障碍者の社会進出も進んでいます。軽度中度の障碍をお持ちの方であれば、ひとり暮らしも可能ですし、自治体によっては家賃補助など障碍者の独立支援などがあります。入居申し込みが入った場合、ぜひ前向きに検討するようにしてください。

最近の物件探しサイトの条件の中に「LGBTQフレンドリー」という項目があることをご存じでしょうか？　これは大家さんが「LGBTQ」のカップルでもOKと言っていますよ」というサインです。ぜひ幅広く入居者を受け入れるようにしてください。

不動産投資は社会貢献事業ですからね。

7-4

時短　チーム作り

格安で業務を依頼できるサービスを知っておこう

ゆるポイント1 新しいサービスを使って収益アップ！

ゆるポイント2 スマホひとつで、人材探しから借り換え先探しまで！

賃貸管理は、多くの方が専門の業者に依頼するケースが多いです。ゆる副業としては、全部丸投げできて楽ちんですよね。しかし、その分手数料がかかります。不動産投資に慣れてきて、不動産投資の仕組みが理解できてくると、自主管理を選択して手数料などの経費を節約することも可能です。そうすると、月々のキャッシュフローもより改善していきます。自主管理と言っても、全部自分でやってしまうということではなく、最近は格安で業務を依頼できるサービスがたくさんあります。それらのお得なサービスをご紹介したいと思います。

○ウチコミ（https://uchicomi.co.jp/uchicomi）

不動産オーナーが直接入居者を募集できるサイトです。募集しているお部屋に興味を持ったお客さまと直接やりとりができ、お部屋の魅力を伝えることが可能です。

ウチコミで部屋を契約した場合、入居者には仲介手数料が発生しないのが、ウチコミでお部屋を探す入居者のメリットです。賃貸契約に関しては、管理会社か、サイト運営者の指定する宅建業者（エージェント）が賃貸契約を締結してくれるので安心です。掲載は無料で、入居者が決まったときに料金が発生します。

○Echoes（https://s-echoes.jp/）

オーナーが直接3大ポータルサイト（SUUMO・HOME'S・at home）などに募集広告を掲載することができるサービスです。広告枠をオーナーが購入するので、確実にポータルサイトに掲載することができます。また、掲載した広告の反響情報や内見されたお客さまの感想がフィードバックされます。

賃貸契約に関しては、管理会社に依頼することもできますし、サイト運営者に紹介を依頼することも可能です。

○家主ダイレクト（https://casa-yd.jp/）

家主ダイレクトはオーナーの費用負担ゼロで、充実した家賃保証が受けられるサービスです。賃貸住宅の入居契約時に、入居者の連帯保証人を代行する会社で、家賃の未払いが発生した際には、入居者に代わり家賃保証会社がオーナーに立替払い（代位弁済）を行い、後日、入居者から回収します。

その他、更新料・退去時精算費用・早期解約違約金・水道光熱費も保証されるだけでなく、明け渡し訴訟の費用も保証してくれます。

○COSOJI（https://cosoji.jp/owner/）

COSOJIとはマンション・アパートの共用部清掃などを依頼したいオーナー（管理会社も）と物件の近所で働きたい方を直接マッチングするサービスです。地域の方々へ直接依頼できるため大幅な経費節約に繋がります。いつでもどこでも清掃依頼や報告内容の確認が可能で問題点についてもタイムリーに改善の相談が可能なサービスです。

OINVASE（https://investment.mogecheck.jp/）

すでに融資を受けているローンが、より低い金利のローンに借り換え可能かどうかをネット上で調べることができるサービスです。

調査は無料で、借り換えが成立した場合のみ手数料がかかります。また、自分自身の与信額を確認できるサービス「バウチャー」や、今所有している物件を売却するといくらになるかが分かる「売却査定」などのサービスも利用できるサイトです。

このように最近では、大家さんに寄り添った新しいサービスがスタートしています。これらのサービスを利用することで、経費を節約しながら空室対策、収支改善を行うことができます。

不動産の世界はアナログで非常に時代遅れの業界です。地方の不動産会社に行くといまだFAXが主流だったりします(笑)。それでも2020年の新型コロナウイルス感染症以降、一気にDX化が進んできていると感じます。

今後も速いスピードで大家さんにとってプラスのサービスが誕生していくことでしょう。**常に新しいサービスの情報もキャッチアップしていきましょう**。

7-5

ノウハウ　モチベーションアップ

最大の空室対策は「入居者にずっと住んでいただく」こと

ゆるポイント1　短期の入居者より、長期の入居者を狙う！

ゆるポイント2　「この大家さんで良かった」と思われる努力を！

不動産投資においてオーナーがずっと気にし続けなくてはいけないのが空室率です。なるべく空室期間を短くすることです。しかし、**すでに入居してくれている方にどれだけ長く住んでもらえるか、ということに力を入れることも大切です**。一日でも長く入居していただくことは、たくさんのメリットがあります。

入居者が長く住むメリット

○家賃収入が安定する：入居者が長く住んでくれれば、当然それだけ空室期間が出なくなりますので家賃収入が安定します。

〇原状回復の回数が少なくて済む：入退去が繰り返しあると、原状回復の回数も多くなりますので、その分支出が増えます。長く住んでもらうことで経年劣化が進んでしまい、原状回復にかなり費用がかかることもありますが、短期間に何度も入退去が繰り返されるよりはコストを抑えられることが多いです。

〇トラブル発生の可能性が低くなる：それぞれの入居者が長く住んでくれれば、入居者同士が顔見知りになり、変なトラブルが起きにくくなります。逆に入居者の出入りが激しいと、トラブルが解決したと思ったら今度は別のトラブル……ともなりかねません。治安の維持のためにも、入居者には長く住んでもらった方がいいと言えるでしょう。

では、どうすれば長い入居に繋がるのでしょうか？

長く住んでもらうコツ

〇入居審査をしっかり行う：「長く住んで欲しいと思える人に住んでもらう」という

ことを前提にしましょう。生活保護受給者の方の入居を心配されるオーナーもいますが、保証会社をきちんと通していれば意外とトラブルは少ないです。

また、生活保護受給者は「今後の定住」を前提に考えている方が多いです。

○トラブルになるべく早く対応する：トラブルがあったらすぐに対応するようにすることも長く入居してもらうためには大切なことです。中には「言えばなんでもしてくれる」と思ってなんでもかんでもクレームをつけてくる入居者もいるので、すべてにきちんと対応しなくてはいけないわけではありませんが、**リアクションを早くすることで、「きちんとした管理をしてくれている大家さん」というイメージを保持することができます**。

○管理会社との付き合いも大切：管理会社も人間です。「あのオーナーは付き合いやすいけど、あのオーナーとは仕事をしたくない」といった感覚を持つこともあるでしょう。そのため、日頃から密に連絡を取り合って、上手にお付き合いをすることが大切です。お金を払って管理をお願いしているのだからやってくれて当たり前、といった意識ではなく、**自分にできないことを代わりにやってくれる「いいビジネスパートナー」という認識を持ってお付き合いしていきましょう**。

江戸時代、「大家さんは地域の世話役」と言われました。店子の悩み事の相談を受けたり、夫婦喧嘩の仲裁役も担ったと言われます。令和の時代とは人付き合いは大きく変わってしまいましたが、根底の人間関係は同じだと思います。

大家さんは部屋を提供して家賃をいただく、それだけの関係ではなく入居者に「大家さんの傘の下で生活できている、それが幸せ」と感じてもらうことです。

私の知り合いのアパート大家さんで、一階の共用部分の掲示板に毎月1日に入居者へのメッセージを掲示されている方がいらっしゃいます。

「今日から10月です。入居者の皆様いかがお過ごしでしょうか？　これから急に秋が近づくと思います。お風邪などひかないように、くれぐれもご自愛くださいませ。毎日の生活で不都合などありましたら、遠慮なく管理会社●●社まで、ご連絡くださいませ。大家」

毎日のテナントリテンション（関係性維持）が一日でも長い入居に繋がります。

Column 7

入居者にとって一番大事な日とは？

今年私が取得した「CPM®米国不動産経営管理士」で学んだ大家として大切なマインドについて。

不動産オーナーを目指すあなたに質問です。

「あなたにとって不動産投資の一連の流れの中で、最も記憶に残る一番の日はいつでしょうか？」

いろんな答えがあると思います。「物件の契約をした日」「入居申し込みが入った日」「売却が完了した日」、どれも正解だと思います。

では、もうひとつ質問です。

「入居者にとって、最も大事な日はいつでしょうか？」

答えは「引っ越しの日」です。このことに気づいていますか？入居が決まって、鍵を引き渡して、それで終わりだと思っていませんか？　しかし、入居者の最大のイベントは引っ越し当日なのです。

こんなことできませんか？

引っ越しの日の夕方にピンポーン！「大家です。たまたま近くまで来たものですから。駅前のスーパーでトイレットペーパーが安かったもので置いていきますね。バタバタしているときにごめんなさいね。じゃあ」

第8章

「不動産リスク」はこうして解消される

8-1

ノウハウ　チーム作り　モチベーションアップ

悪い不動産会社・管理会社の見分け方

ゆるポイント1 急かされたときこそ、立ち止まる！

ゆるポイント2 相談する不動産会社を間違えない！

不動産投資において、魅力的な物件を見極めることは非常に重要ですが、それには信頼できない不動産会社や管理会社を避けることも必要です。ここでは、信頼性に欠ける悪い不動産会社や管理会社を見分けるための主なチェックポイントを紹介します。

｜透明性の欠如：悪い不動産会社や管理会社は情報を隠したり、事実を歪めたりすることがあります。**物件情報や手数料、サービス内容が明確でない場合は注意が必要**です。

また、契約書の内容が不明瞭であったり、仲介手数料以外の余計な手数料が請求されたりする場合も警戒しましょう。

2　顧客の声を無視する態度：顧客からの質問に対して適切に回答しない、または顧客の要望を無視する行動は、信頼できない兆候です。**いい不動産会社は顧客の声に耳を傾け、積極的に対応します**。

3　圧力や急かす営業戦術：契約を急がせるために不当な圧力をかける不動産会社は避けるべきです。「他にも多くの問い合わせがあるので早く決めないと買えませんよ」と言って結論を急がせる場合は、**圧力に屈せず時間をおいて検討することが大切**です。

4　不適切な広告：存在しない物件や条件を提示して顧客を誘引する「おとり広告」を使用している不動産会社も問題です。広告を見ていい物件だと思い問い合わせてみると「もう決まってしまったんですよ。他にいい物件を紹介しますね」と言う戦法、客を引きつけるために実際には存在しない物件を広告に掲示するやり方ですね。宅建業法で禁止されているのですが、少なからず存在するのが現状です。広告されている物件が実際にはない、または実際の条件と異なっている場合はその不動産会社は疑っていいでしょう。

5 口コミや評判：オンラインの口コミや評価を確認することは、不動産会社の評判を知る有効な手段です。特に**ネガティブなレビューには注意を払い、同様の不満が繰り返されていないかをチェック**してください。

6 法令遵守の不徹底：法的要件を遵守していない、あるいはその気配がある会社も避けるべきです。たとえば、不正確な情報で契約を促す行動や不当な料金を請求する行動は明確な赤信号です。5―4で解説しましたが、契約の際の「重要事項説明」は宅地建物取引士が口頭でする必要があります。その際、宅建証を相手方に提示した上で進めなければなりません。そのような**ルールを守れない業者はアウト**です。

他に、問い合わせに対して返答が遅い、デメリットを言わないなども判断材料となります。まず、人として信頼できる方なのかどうかが大事なところですよね。

不動産の世界は、業種がさまざまあり、得意不得意が著しいのが特徴です。つまり、売買が得意な会社でも賃貸は不得意かもしれません。住居専用の物件は得意であっても、オフィスや店舗は苦手かもしれません。

あなたが商談している不動産会社の専門分野は一体何なのかを探る必要がありま

図8-1　こんな言葉に気をつけろ!

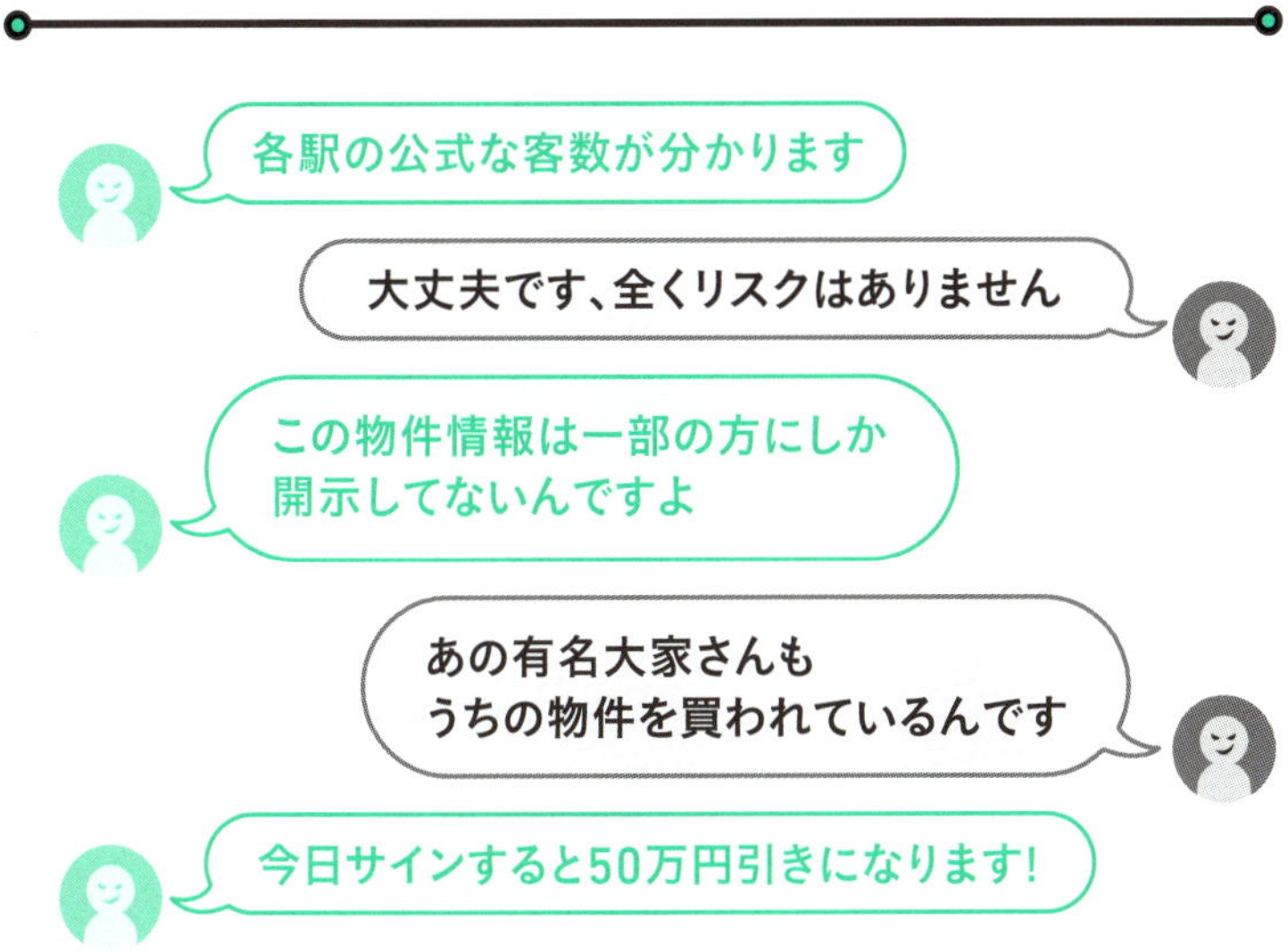
各駅の公式な客数が分かります
大丈夫です、全くリスクはありません
この物件情報は一部の方にしか開示してないんですよ
あの有名大家さんもうちの物件を買われているんです
今日サインすると50万円引きになります!

す。遠慮することなく「御社は何が得意なんですか？」とぜひ聞いてみてください。当然、その道のプロフェッショナルな不動産会社に依頼するようにしてくださいね。

　私自身、ずっと住居専用の物件に不動産投資をしてきました。あるときにオフィス専用の建物に投資をしたことがあります。そこで、これまで知り合ってきた仲のいい信頼できる不動産会社に管理や賃貸付けを依頼したところ、ことごとく断られました。理由はいずれも「うちはオフィスをやったことがないのでできない」ということでした。「餅は餅屋」なんですね。

8-2

基礎知識　ノウハウ

天災その他の災害へのリスクヘッジ

ゆるポイント1　火災保険と地震保険はセットで契約！

ゆるポイント2　不動産投資拡大がリスク軽減に繋がる！

自然災害は予測不可能な要素が多く、不動産投資において大きなリスク要因となります。不動産投資における天災やその他の災害リスクを軽減するための戦略を解説します。

①火災保険の加入

火災保険に加入することで、万が一の災害時に経済的な損失を補填できます。**火災保険は火事だけでなく、風災、水災など多岐にわたる災害をカバーします**。ローンを受けて不動産投資をする場合、基本的には火災保険に加入することが融資の条件となっています。

何よりも、気持ちの上での安心を得ら

れます。

マンション投資向けの火災保険を選ぶ際のポイントは、投資する物件の特性に合わせてカスタマイズできる保険を選ぶことです。

一般的に、火災保険はある程度の補償がパッケージングされた状態で提供されています。補償や特約のすべてをつければ万全の補償を受けられますが、必要のない特約をつけても保険料が高くなってしまうだけです。

自治体のハザードマップなどを確認し、浸水被害に遭うリスクが低い物件なら水害に対する補償を外すなど、**必要性の低い補償を外せば保険料を抑えつつ充分な補償を受けられます**。

②地震保険の加入

日本は毎年のように大きな地震に見舞われています。また地震による火災は火災保険ではカバーできないため、こちらにも加入しておくのがおススメです。

また、地震保険の保険金額（契約金額）には、以下のような制約があります。

○保険金額は火災保険の契約金額の30％～50％の範囲内

○建物一戸あたり保険金額は5000万円以内（上限は1億円）
○家財の保険金額は1000万円以内

たとえ地震によって建物が全損したとしても、5000万円を超える部分は補償されません。**地震保険の目的は建物の再建ではなく、あくまで「被災者の生活の安定」だから**です。

また地震保険は火災保険とセットでの契約が必須です。そのため、地震保険は火災保険と同じ損害保険会社で加入することになります。

③耐震性の確認

物件の耐震性を確認し、可能であれば新耐震基準に適合した建物を選ぶことが重要です。1981年（昭和56年）6月1日以降に建築確認申請が受理されている物件は新耐震基準をクリアしています。**新耐震基準適合の物件は、地震発生時の物理的な被害を最小限に抑えることが可能**です。

建物の耐震性は、その後のメンテナンスコスト削減にも繋がるため、初期投資の一環として考えるといいでしょう。

④ハザードマップの活用

投資予定の地域のハザードマップを確認し、洪水や土砂災害のリスクが低い地域を選ぶことも重要です。ハザードマップは、自然災害のリスクを地域ごとに示しており、投資判断の重要な参考資料となります。これにより、予期せぬ災害から投資を守ることが可能になります。

仮に**ハザードマップで危険度合が高いと判断された場合は、手厚い火災保険への加入でリスクヘッジすることも必要**です。

なお、ハザードマップは物件所在地の自治体のホームページから閲覧することが可能です。

⑤分散投資の実施

1カ所に集中投資するのではなく、地理的に分散した物件に投資することで、一部地域で災害が発生しても全体のリスクを抑えることができます。

また、異なる市場の動向を捉えることができるため、市場リスクの分散にも効果的です。不動産投資の物件数を増やすことこそが、リスクヘッジに繋がります。

これらの戦略を実行することで、不動産投資の際の天災その他の災害リスクを管理し、投資の安全性を高めることができます。

災害は予測不能ですが、準備と対策によってその影響を最小限に抑えることは可能です。これにより、長期的な視点で安定した不動産投資を行うための基盤を築くことができるでしょう。

入居者の身の安全を確保することも大家の仕事

2011年3月11日、東日本大震災が起こりました。当時私はすでに不動産投資をはじめていました。「ゆる副業」として都内に数戸の区分ワンルームマンションを所有。私自身、液状化で被災した千葉県浦安市に住んでいたこともあり、震災当日は自分と家族の身の安全を確保しました。そして翌日から数日かけて、私の物件の入居者の安否と物件の被害状況を管理会社の協力のもと確認。幸いなことに、大きな被害はありませんでした。入居者の身の安全を確保することも不動産オーナーの仕事なんだと、身をもって体験した東日本大震災でした。

図8-2　不動産投資で火災保険が適用される範囲

火災・落雷・破裂・爆発	風災・雹災・雪災
水災	水濡れ
自動車の衝突など	盗難
予測できない事故が原因の破損や汚損	臨時費用補償特約
建物（管理）賠償責任補償特約	電気的・機械的事故補償特約
弁護士費用特約	家賃収入補償特約
家主費用補償特約	

補償範囲は、
保険会社・契約によって変わります

8-3

ノウハウ

金利上昇への リスクヘッジ

ゆるポイント1 金利は急激には変動しない！

ゆるポイント2 自己資金の積み上げを忘れずに

不動産投資は、基本的には金融機関から多額のお金を借りて行う投資です。ですから金融機関からの借入金利が投資の成績に大きく影響します。金融機関からの借入金利が変動すると、その影響で投資の収益性が損なわれる可能性があります。経済状況や政策によって金利が上昇することは珍しくなく、特に景気回復時やインフレ時には、中央銀行が金利を引き上げることがあります。また、国の信用度が下がると、市場の不安定性が高まり金利が上昇することもあります。

金利変動リスクへの対策としては、以下の点が挙げられます。

1 金融商品の選択：私たちは変動金利と固定金利の違いを理解し、将来の市場環境や自身の財務状況に合わせて最適なローン商品を選択する必要があります。5―8で解説しましたが、金利が変動する「変動金利」か、一定期間金利が固定されている「固定金利」かを賢く選択する必要があります。

2 金利上昇のシミュレーション：とは言え、経済評論家ですら、今後の金利動向を正確に予測することはできません。私たちが今からできることは、金利上昇した場合のことをイメージしておくことです。「金利が何%まで引き上げられると、毎月のキャッシュフローがマイナスになってしまうのか？」この最上限度の金利を知っておくことです。私の収支シミュレーションソフト「Eiichi君」を使って、具体的な数字を調べてください（99ページ参照）。

金利は急激には上がりません。徐々に上がっていくものです。ですから、金利が大きく上がりはじめたら「より金利の低いローン商品へ借り換え」や「一部ローンの繰り上げ返済」を検討してください。

金利上昇リスクは不動産投資の収益性に直接的に影響を与えるため、これに対する適切な準備と戦略が必要です。**自己資金はどんなリスクへの対策にもなります。**

8-4

ノウハウ　収入アップ

家賃・物件価格下落へのリスクヘッジ

ゆるポイント1　**メンテナンスで価値を向上させる！**

ゆるポイント2　**価値の下がらない物件に投資する！**

不動産投資における家賃と物件価格の下落は、投資の収益に直接影響を及ぼすリスクです。ここでは、これらのリスクを軽減するための戦略について解説します。

家賃下落リスク

家賃下落リスクは、賃料が下落し、それによってキャッシュフローが悪化し、ローン返済に影響を与えるリスクです。このリスクは、物件価格の下落とも直結しています。主な原因としては、物件の老朽化や長期の空室が挙げられます。

○対策方法その1「適切な建物管理」

物件の老朽化は避けられないものですが、定期的なメンテナンスと適切な管理により、物件の魅力を保持し家賃価値を維持できます。管理が行き届いた物件は、築年数が経過しても賃貸需要が保たれます。**築50年以上経っても入居者から愛される資産価値の高い物件もあれば、築10年以内でも敬遠される朽ち果てた物件も存在します。**すべては「管理」次第です。日頃からのメンテナンスを怠らないようにしましょう。

○対策方法その2「空室リスクの管理」

賃貸物件の入居者はタイミングが来れば必ず退去します。第7章で解説したさまざまな施策を重ねた上で空室期間を短くしていくことが、家賃下落リスク解消に繋がります。

物件価格下落リスク

物件価格下落リスクは、築年数の増加や設備の劣化によって物件価格が下落するリスクです。売却する際に大きく損をしてしまうと、最終的に投資は失敗だったと判断せざるを得ません。

○対策方法その1「家賃の下落を抑えること」

前述の家賃下落リスクの対策を講じることが、物件価格の維持に直結します。家賃収入が安定していれば、物件価値も維持されやすいです。「管理」をしっかり行い「空室」が少ない愛される物件作りを目指してください。

○対処方法その2「売却時期の戦略的選定」

物件の価値がピークのときに売却するというそのタイミングを見極めることも重要です。**あくまで予定は予定としてでもいいので、「何年後にいくらで売却しよう」という計画を立てておくことも必要です。**

とは言え、家賃・物件価格下落リスクの究極の対処法は、「将来価値が下がらない物件を購入すること」です。

ミクロの視点が重要

2024年後半に入り、不動産市況が大きく変わりつつあります。それはアベノミクス時代からはじまったマイナス金利からの脱却や、日経平均のバブル期超えなどが影響しています。これまでの不動産の動きとは違った動きをすると考えられています。

かつては、不動産の資産価値が上がるエリアと下がるエリアは明確でした。分かりやすく言うと、東京23区内であればどこでも不動産の資産価値は上がり、ある地方都市であればすべての場所で価値が下がるだろうと言われていました。

しかし、コロナを経て人々のライフスタイルや住宅に求めるものが多様化し、不動産の未来図がより複雑になってきました。より細分化してきたと言えます。

東京23区内でも今後不動産の価値が上がるエリアと下がるエリアが現れてきます。

一方、地方都市でも場所によっては、東京以上に価値が上がる場所も出てくるでしょう。

5—1でもお話ししましたが、街や駅の将来性をより細かく見ていく必要があり、将来家賃が上がり、価値が上がることが期待される物件を手に入れるように心がけてください。

ノウハウ

家賃滞納・事故物件化へのリスクヘッジ

ゆるポイント1 家賃保証会社は大家の強い味方

ゆるポイント2 事故物件の告知は3年

家賃滞納と事故物件化は不動産投資における重大なリスクです。これらのリスクをヘッジする戦略を構築することが、安定した収益を確保するためには不可欠です。

家賃滞納リスクへの対策

1 入居審査の徹底

入居審査は家賃滞納を防ぐための最も基本的な手段です。入居希望者の収入確認や勤務先への在籍確認をしっかり行い、賃料支払い能力が安定しているのかを評価します。**目安は年収が年間家賃の4倍以上**です。家賃6万円の場合、6万円×12カ月×4倍＝

288万円以上の年収となります。
また管理会社と連携して、申込書類に虚偽がないかもチェックしましょう。

2 家賃保証会社の利用

以前は賃貸契約の際に、連帯保証人を求めることが一般的でした。しかし2020年4月1日の民法改正により、連帯保証人より家賃保証会社を利用することが主流となっています。**家賃保証会社を利用することで連帯保証人がいなくても安心して賃貸経営を行うことが可能**です。家賃保証会社は滞納が発生した場合に家賃を立て替えてくれるため、オーナーは家賃収入の途切れを心配する必要がありません。

保証料は月額賃料の50%〜100%が一般的と言われています。加入後は一定期日ごとに保証料が発生します。基本的に保証料は入居者負担です。近年、家賃保証会社の需要が高まっていて、それに対応するように多くの保証会社が誕生しています。最近では「外国人専用の家賃保証会社」「水商売の方専用の保証会社」などもあります。

事故物件化へのリスクヘッジ

事故物件と言うと、人が亡くなった部屋を思い浮かべる方も多いと思いますが、宅地建物取引業法上、事故物件という定義はありません。**法的には「瑕疵物件」という表現が用いられます。**宅地建物取引業法にも明確な定義はありませんが、契約時に入居者に伝えるべき告知義務として「心理的瑕疵」というものがあります。簡単に言うと「過去にこの物件で発生した死亡事件や死亡事故により、入居者が抵抗感を持つ可能性がある要因」があれば、事前に伝えなければならないというものです。

瑕疵物件になると、不動産の価値は大きく損なわれる可能性があります。このリスクを軽減するためにはセキュリティの強化、バリアフリー設備の導入、空調設備の充実などが有効です。

もし死亡事件、死亡事故が起きてしまったら

また、考えたくないですが、仮にあなたの物件で人が亡くなってしまったらどうすればいいのでしょうか？　今後物件を貸し出す際にその事実を告知する必要はあるのでしょうか？

2021年に国土交通省がひとつのガイドラインをまとめました。概略としては、

○自然死の場合は告知の義務なし

図8-5　事故物件対策に使えるサイト

サイト名	内容
大島てる	過去の事故を確認できるサイト URL https:// www.oshimaland.co.jp/
成仏不動産	事故物件専門の不動産ポータルサイト URL https://jobutsu.jp/
アイアル少額短期保険株式会社	入居者の自殺や孤独に対応する保険 URL https: //www.air-ins.co.jp/

〇特殊清掃などが必要な死亡事故が発生した場合は3年間の告知の必要あり
〇それ以外のケースでも、事件性、周知性、社会に与えた影響などが特に高い事案の場合は告知の必要あり

とは言え、「事故物件になってしまうと3年間は空室が埋まらない」ということでもありません。中には「事故物件でも安く住めるんだったら住みたい」という方もいらっしゃいます。あきらめずに入居募集を続けてください。最近は、「成仏不動産」という事故物件を専門に扱う不動産サイトも誕生しています。

8-6

基礎知識　ノウハウ　収入アップ

「減価償却」の売却ルールを忘れずに！

ゆるポイント1　買った金額より安く売っても税金がかかるかも！

ゆるポイント2　物件は最低5年以上持つ！

不動産投資は物件を所有することで家賃をいただくことが基本です。ですが、**物件売却が最終のゴールとなり、上手に売却することで大きな利益を手にすることができます**。売却はまだまだ先のことかもしれませんが、売却の方法や売却益の計算方法も知っておく必要がありますので、ここで解説したいと思います。

「売れた金額から買った金額を引いた分が利益」ではない！

中古区分マンションを1800万円で購入したとしましょう。

この物件が10年後に2000万円で売れたと仮定します。では利益は？　2000万円－1800万円＝200万円にはなりません。簡単な計算式はこうです。**「売れた値段（2000万）－買った値段（－800万）＋これまでの減価償却費」**となります。

不動産投資をスタートすると毎年確定申告をしていきますが、その際不動産の建物分は毎年減価償却費として経費計上していきます。**減価償却した分、もともとの不動産の価値より下がっていると税務上判断されます**。

この「売れた値段－買った値段＋これまでの減価償却費」の金額が売却して得た利益（課税譲渡所得金額といいます）となり、この利益に税金が課せられることになります。ですから仮に、2000万円で買ったものが1900万円で売れたとすると、100万円のマイナスではなく、**減価償却分がプラスとなり税金を課せられる可能性がある**ことを覚えておいてください。

所有期間5年で税金が安くなる！

では譲渡所得に対する税金はどれぐらいなのでしょうか？　個人の場合税率は2種

類あり、短期譲渡の場合が39％、長期譲渡の場合が20％となります。課税譲渡所得金額が1000万円の場合、短期は390万円、長期は200万円となります。大きな額になってしまいますよね。少しでも税金を抑えるには「長期譲渡所得税」にすることです。長期にするには、物件の所有権を5年以上持つことです。5年の計算は1月1日を基準日としますので、1月1日時点で所有権が5年以上経ったところから税率が低くなります。**不動産投資をはじめたら、最低でも5年以上は物件を持つ覚悟で投資を続けましょう**。

売却の税金のお話をすると「売っても税金で取られるならずっと持っていた方が得かなぁ」とお考えの方もいらっしゃると思いますが、税金を支払っても大きく利益を得ることが可能です。私を例にお話ししましょう。

私は今年13年前に購入した中古ワンルームマンション（大田区）を売却しました。ざっくりとした収支です。購入したときの金額が1300万円、売却額が1800万円、これまでの減価償却費が300万円でしたから計算式は、

1800万円－1300万円＋300万円＝800万円

この800万円に長期譲渡所得税20％（160万円）を支払うと640万円が税引

図8-6　売却利益の税法上の計算方法

詳しくはこのような計算方法となります

譲渡価格（収入金額）－（取得費＋譲渡費用）－特別控除額＝課税譲渡所得金額

■ 取得費	売った土地や建物を買い入れたときの購入代金（建物は減価償却費相当額を控除します）や仲介手数料などの合計額です。実際の取得費の金額が譲渡価格の5%に満たない場合は、譲渡価格の5%相当額を取得費として計算することができます。
■ 譲渡費用	1：仲介手数料　2：測量費など土地や建物を売るために直接要した費用　3：貸家の売却に際して支払った立退料　4：建物を取り壊して土地を売ったときの取り壊し費用などです。
■ 特別控除額	収用などのとき：最高5000万円 自分が住んでいる家屋と土地を売ったとき：最高3000万円

き後の利益となります。これは計算上の数字です。実際にはローンの返済がかなり進んでいましたので残債を返済したのちの手元に残ったキャッシュはそれ以上となりました。売却することによって、不動産の内部に貯めていた貯金を解約して現金化したというイメージですね。

私の場合、これに加えて毎年のキャッシュフローを得てきました。年12万円としても13年で156万円。640万＋156万で796万円です。中古ワンルームマンション投資をやって13年でおよそ800万円手にしたということになります。

「賢く売却する」3つのポイント

ゆるポイント1　絶対に慌てて売らないこと

ゆるポイント2　朽ち果てるまで持ち続けるという選択もあり

売却によって大きく利益が確定します。しかし、うまく売却できないと利益を大きく減らしてしまう側面もあります。失敗のない売却作業が求められますね。どうすれば賢く1円でも高く物件を売却することができるのでしょうか？　物件売却の際、大切な心構えがあります。ポイントは3つです。

○愛着を持ちすぎない
○長いスパンで売却作業をしていく
○買い手の立場に立って考える

長い間、物件を所有して不動産投資をしていると、物件に対する愛情が深まってしまいます。とかくはじめて買った物件などはなかなか手放しにくいものです。そこは割り切ることです。あくまで「投資」とドライに考えましょう。

不動産の市況は長い年月にわたって緩やかに変動します。当然、市況を見ながら安く買って高く売ることが求められます。そこに「愛情」が邪魔すると、売りどきを間違ってしまいます。大事に育てた娘を嫁に出す気持ちでいましょう（笑）。

売却することを決めたら、早く買い手を見つけて、利益を確定したいものです。でも、急ぐことは禁物です。ゆっくり売却作業を続けてください。**売主が売り急いでいるところを見透かされると、必ず過度の価格交渉を仕掛けられます**。絶対に慌てないでください。一般的に区分マンションの売却の場合、売却を決めてから決済まで数カ月、一棟ものなら1年以上かかります。ですので、「まあ、1年後か2年後までに売れればいいや」という気持ちで臨んでください。

3つ目は「買主の立場になって考えること」です。買主もかつてのあなたのように金融機関からのローンを組んで購入すると思います。であれば、金融機関の評価以上の価格で売りに出しても、それだけ自己資金を持っている方しか購入できません。金融機関の評価額で売りに出せば、フルローンで買える人が多くいるということになりますよね。

また残存年数も注意が必要です。すでにお話しした通り、多くの金融機関は耐用年数から築年数を引いた残存年数までの期間でしか融資をしてくれません。**耐用年数超えの物件には融資は極めて難しくなります**。そうすると耐用年数超えの物件の売却は、現金で買える買主さんを探すしかなくなります。売却先の幅が狭まりますよね。ですから、残存年数が充分に残っている間に物件を売却するということも大事なポイントとなります。

戸建ては売却せずに稼ぎ抜くということもできる

一方、売却を視野に入れないという考え方もあります。たとえば、築古戸建て投資の場合、購入した時点ですでに耐用年数が過ぎているケースがほとんどでしょう。購入の際、現金で購入しているのであれば、投資した現金を回収するまで持ち続ける、稼ぎ抜くという投資スタイルです。

たとえば、築古戸建てを300万円で購入し、100万円でリフォーム、家賃5万円が入ってきたとしましょう。

図8-7　徹底的に稼ぎ抜く

購入金額	300万
リフォーム代	100万
合計	400万

家賃　5万円　年60万

1年目	60万	2年目	60万	3年目	60万
4年目	60万	5年目	60万	6年目	60万
7年8カ月	40万				

ここで投資金回収 → その後はとことん稼ぎまくる

　総投資額が400万円。年間の家賃収入が60万円の利回り15％の不動産投資がスタートです。この場合は、売却のことを考えず持ち続けると、7年目で投資額が回収できます。7年目以降は純粋な利益が増えていくことになりますよね。その後は、この物件が朽ち果てるまで持ち続け稼ぎ抜きます。最終的には、建物を壊して新しい建物を建ててもいいですし、更地として不動産会社に売却することもできます。

　このように不動産の種類によっても売却戦略が変わってきます。最善の選択を市況を見ながら見つけてください。

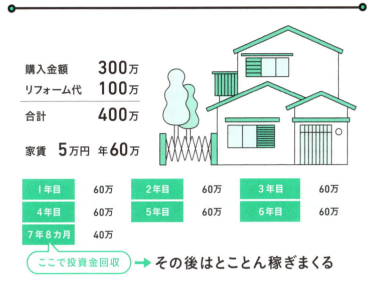

ノウハウ
モチベーションアップ

買取業者に騙されるな！

ゆるポイント1 管理会社からの電話はホンモノ?!

ゆるポイント2 買取業者からの提案はホンモノ?!

不動産の世界には、残念ながらまだ悪徳業者が潜んでいます。購入の際もそうですが、売却の際も悪徳業者に充分気をつけてください。

ここでは、売却の際、悪徳な買取業者が仕掛けてくる罠について解説したいと思います。

管理会社からの電話を疑え

あなたが区分マンションを所有して不動産投資を実践しているとしましょう。

ある日、あなたの自宅に1本の電話がかかってきます。

「○○マンション305号室のオーナー様ですよね。私、○○マンションの建物管理会社の◇◇不動産というものです。このたび、管理費と修繕積立金の値上がりが決まりましたので、事前にお伝えいたします。本来ならば郵送でお知らせすることなのですが、オーナー様にとっては大きなことですので急ぎお電話でお知らせさせていただきました。現在の金額から2万円上がることになりました」

このような電話です。

さらに翌日、別の不動産会社から電話がかかってきます。

「○○マンション305号室のオーナー様ですよね。弊社は投資用区分マンションを高く購入させていただいている▲▲不動産と申します。○○マンション305号室を弊社に買い取らせていただけないでしょうか？　今後もし、管理費・修繕積立金などが上がってしまうと買取価格が一気に下がってしまいます」

「え？　実は昨日、管理費・修繕積立金の引き上げの連絡が来たんです」

「本当ですか？　それはタイミングが良かったですよ。今のうちに売却を検討されてはいかがでしょうか？　弊社は数週間で買取、振込みをさせていただきますので」

この2本の電話のトラップに気づきましたか？

はい、1本目の電話が「嘘」の電話です。「▲▲不動産」の社員が「◇◇不動産」の社員を装って、全く虚偽の内容の電話を入れたものです。

このような詐欺レベルの事案は何件も報告されていて、不動産業界内でも注意喚起されています。

購入希望は本当にあったのか？

売却する場合、仲介する不動産会社と契約を結びます。それが「媒介契約」です。媒介契約には大きく分けて2種類の契約があります。「一般媒介契約」と「専任媒介契約」です。

一般媒介契約は、何社とも契約することができます。つまり、**複数の不動産会社に売却作業を依頼することが可能**です。

一方、専任媒介契約は、1社に絞って契約します。**その会社に責任をもって売却してもらうというスタイル**です。

それを前提に2つ目の罠の実例です。

ある日、あなたの自宅に1本の電話がかかってきます。

「〇〇マンション305号室のオーナー様ですよね。弊社は◎◎不動産と申します。実は今このマンションを2500万で購入したいという方がいらっしゃいまして物件を探しているところなんです。その方、節税対策をされたいということなんです」

この物件の相場価格が2000万円でしたら、嬉しい話ですよね。

ということで、後日◎◎不動産と面談して売却相談をします。◎◎不動産の担当者は、「まず媒介契約を結びましょう」ということで、契約書を出します。それが「専任媒介契約書」。

専任と一般の違いが分かっていないオーナーさんはよく理解しないままサインしてしまうことでしょう。

そして、数日後……。

「すみません、2500万で購入したい方なんですが、他で購入されたらしくダメになってしまいました。ご安心ください、責任をもって買主を探しますから」

このケースは詐欺とは言い切れませんが、◎◎不動産は「専任媒介契約」を取りたいがために、実際にはなかった「節税対策のために2500万円で購入希望」という作り話をしたのかもしれません。

いきなり専任媒介契約を結ばない

このように悪徳業者は、さまざまなテクニックを使ってあなたに近づいてきます。何かおかしいなと思ったら、すぐに身近な不動産に詳しい方に相談してください。国土交通省が運営する「ネガティブ情報等検索サイト（https://www.mlit.go.jp/nega-inf/）」というサイトもありますので参考までに。

また、この2つの罠でこんな疑問を持つ方もいるかもしれません。

「なぜ、○○マンションのオーナーであることと、自宅の電話番号まで分かったのだろう？」

不動産の登記情報は誰でも簡単に閲覧することができます。**業者は投資用の○○マンションのすべての部屋のオーナーを確認し、住所から電話番号を調べ上げて片っ端から営業電話をしてきます。**

ですから、不動産投資をはじめるとある程度の個人情報が洩れてしまうということは、覚悟しておいた方がいいと思います。

最後に、売却するつもりのないときに「物件を売ってくれ営業電話がかかってきたときの対処法」をお教えいたしましょう。

こう答えてください。

「投資用に持っているのではないんです。自分が使うために持っているんです」

これで、営業マンはすぐに引き下がります。

Column 8

ちょっと怖い現実

8-5で事故物件のお話をさせていただきましたが、私が見つけたちょっと怖い事実です。

あまり詳しくは言いませんが、10年ほど前に、ある地方都市のアパートで猟奇的殺人事件が発生しました。ある部屋から複数名の遺体が見つかり、犯人はその住人で警察に逮捕されました。まさに心理的瑕疵物件（事故物件）となってしまいました。

物件のオーナー様は本当に気の毒だなと心を痛めていました。あるときに、その物件のその後の話を聞くことができました。「事故があった部屋、またその他の部屋が今どうなっているか？」

なんと、今は満室になっていました。「やっぱり、家賃を下げれば事故物件、事故があったアパートでも入居者は見つかるものなんだなぁ」と思ったのですが、実はそうではなかったのです。

あの猟奇的殺人事件は、あのアパートで二度目の事故だったのです。以前にも事故が発生し、「事故物件でもいい」という入居者で満室になっていたのです。ですから、二度目の事故が起きても他の入居者は、「問題ないですよ」という感じだったのでしょう。あの猟奇的殺人事件の犯人も、事故物件は平気で入居したのかもしれません。

おわりに

私が不動産投資で得た最大のものは……

最後までお読みいただき、ありがとうございました。
あなたに、少しでも不動産投資の魅力が伝わっていれば、この上ない喜びです。

私が不動産投資をはじめて10年以上の月日が流れました。不動産投資をはじめて私の人生は大きく変わりましたが、この年月で得た最大のものは「仲間」です。サラリーマンだけの生活では出会えなかった数多くの同志と繋がることができました。

私は「志高き大家さんの集まり・チームアユカワ」を主宰しています。参加条件は、私が講師を務める「不動産実務検定講座」を受講していただくこと。2024年現在で500名近い大家さんに参加いただいています。月に一度のオンラインでの勉強会、メンバーの購入物件の視察会、大懇親会、少人数でのワイン会と、さまざまな活動をしています。

もし私が不動産投資をはじめることなく、サラリーマンを続けていたら、決して出会うことができなかった仲間です。私は一生の友人を手にすることができました。

不動産投資をはじめたときは孤独でした。相談相手もいませんでした。目の前にいる不動産会社の担当者にしか相談できず、「もしかしたら騙されているかも」とひやひやしていました。

月日を重ねるごとに、不動産投資家仲間が増えていきました。そして彼らは初心者の私に、不動産業者や金融機関、あらゆるスキルを惜しげもなく教えてくれました。

あるときに聞いたことがあります。

「みなさんなんでそんなに親切に教えてくれるんですか？」

「みんな昔先輩に教わってきたんです。今度はアユカワさんが後輩に教える番ですよ」

そんな思いから、私の知識を目いっぱい詰め込んだのがこの一冊です。

この一冊があなたの一歩に繋がることを祈っています。

今度はお会いして「夢」を語り合いましょう。

いつ、飲みますか？

もうあなたも私の仲間のひとりですからね。

読者特典データのご案内

本書の読者の皆さまに「読者特典」として、『「ゆる副業」を卒業してもっと稼ぐにはどうすればいいの？』の原稿をプレゼントします。

読者特典データは、
以下のサイトからダウンロードして入手いただけます。

https://www.shoeisha.co.jp/book/present/9784798186320

●注意

※会員特典データのダウンロードには、SHOEISHA iD（翔泳社が運営する無料の会員制度）への会員登録が必要です。詳しくは、Web サイトをご覧ください。

※会員特典データに関する権利は著者および株式会社翔泳社が所有しています。許可なく配布したり、Web サイトに転載することはできません。

※会員特典データの提供は予告なく終了することがあります。あらかじめご了承ください。

※図書館利用者の方もダウンロード可能です。

●免責事項

※会員特典データの記載内容は、2024 年 8 月現在の法令等に基づいています。

※会員特典データに記載された URL 等は予告なく変更される場合があります。

※会員特典データの提供にあたっては正確な記述につとめましたが、著者や出版社などのいずれも、その内容に対してなんらかの保証をするものではなく、内容やサンプルに基づくいかなる運用結果に関してもいっさいの責任を負いません。

※会員特典データに記載されている会社名、製品名はそれぞれ各社の商標および登録商標です。

アユカワタカヲ

CPM® 米国不動産経営管理士／宅地建物取引士／AFP ファイナンシャル・プランナー／J-REC 公認不動産コンサルタント／相続コンサルタント／総合マネープロデューサー
株式会社タカプランニングジャパン代表取締役
1966年大阪生まれ。大学卒業後メディア関係の会社に入社。42 歳のときに起きた「リーマン・ブラザーズ破綻」をきっかけに、ボーナスカット、給与カット、リストラ計画の発表、母の死と人生が激変。意を決して投資の勉強をはじめる。数ある投資の中から自分にとって失敗しない投資として不動産投資と出会う。2010年、世田谷区内の中古区分ワンルームマンション購入から不動産投資をスタート。その後資産を拡大させ、48 歳で独立。2024 年 10 月現在、区分・一棟・戸建て・日本・海外……と幅広く不動産賃貸業を営む。現在は総合マネープロデューサーとして、人生におけるマネーリテラシーの重要性をメディアやセミナーなどで伝えている。年間のセミナー登壇数は 300 本を超え、YouTube「アユカワ TV」のパーソナリティーを務める。「不動産はエンターテイメント」をモットーに人生自由化計画を提唱。

装丁・本文デザイン／DTP　Isshiki
装丁イラスト　スズキタカノリ
本文イラスト　髙橋 未来

「ゆる副業」のはじめかた 不動産投資
スキマ時間に知識ゼロから確実に儲けを出す！

2024 年 10 月 21 日 初版第 1 刷発行

著者　アユカワ タカヲ
発行人　佐々木 幹夫
発行所　株式会社 翔泳社（https://www.shoeisha.co.jp）
印刷・製本　中央精版印刷 株式会社

本書へのお問い合わせについては、12ページに記載の内容をお読みください。
造本には細心の注意を払っておりますが、万一、乱丁（ページの順序違い）や落丁（ページの抜け）がございましたら、お取り替えいたします。03-5362-3705 までご連絡ください。

ISBN978-4-7981-8632-0　　Printed in Japan